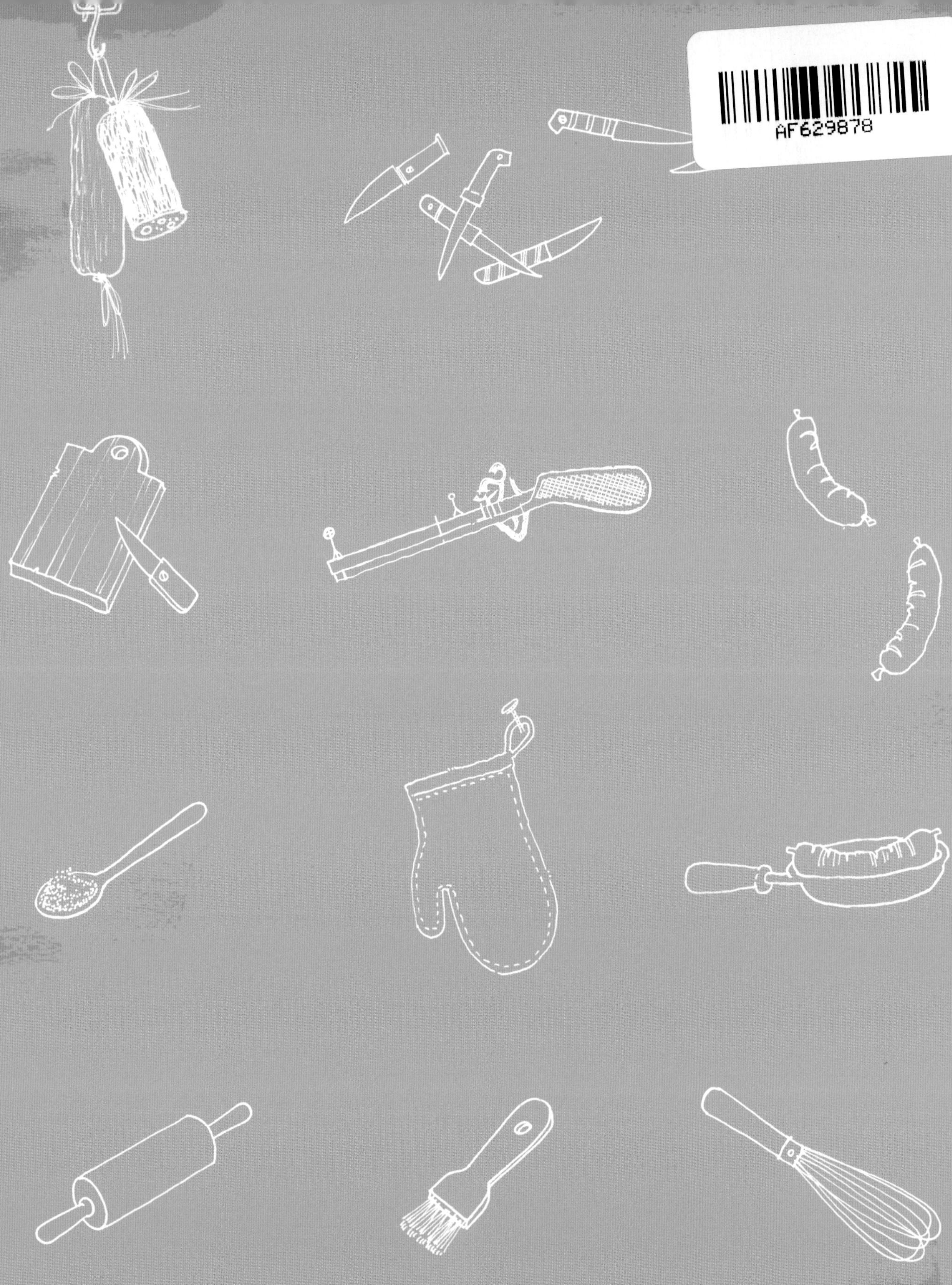

DAS GROßE Räuber Hotzenplotz KOCH- UND BACKBUCH

Mit Bildern
von Thorsten Saleina

Thienemann

Inhaltsverzeichnis

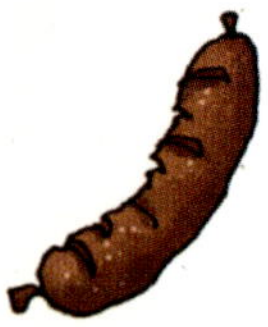

Hände hoch – jetzt wird's lecker!

Schon eine uralte Räuberweisheit besagt: »Essen und Trinken hält Leib und Säbel zusammen.«
Und bei meiner Pfefferpistole schwöre ich dir – du hältst gerade das großartigste, weltbeste und einzig wahre Räuber-Koch-und-Backbuch in der Hand. Denn ich habe es höchstpersönlich geschrieben.
Zum Donnerwetter noch mal, war das eine Arbeit, die Rezepte zusammenzuklauen! Aber natürlich ist es mir gelungen, so wahr ich der Räuber Hotzenplotz bin.
Einige davon hab ich der Großmutter abgeluchst. Zum Beispiel das Rezept für ihren berühmten Pflaumenkuchen, den sie jeden Sonntag backt. Es gibt nun mal keinen besseren!
Auch die Lieblingsgerichte vom Kasperl, seinem Freund Seppel und Frau Schlotterbeck hab ich mir unter den Nagel gerissen. Verfeinert mit meinen Räuber-Geheimzutaten schmecken sie gar nicht mal so übel, muss ich schon sagen!
Und ob du's glaubst oder nicht: Sogar vom Wachtmeister Dimpfelmoser sind welche dabei. Nach seinem Rezept für die süßen Sonntagsbrötchen sucht er bestimmt immer noch, hö, hö, hö!
Wenn's um Kartoffeln geht, kennt sich niemand besser aus als mein guter alter Freund, der Zauberer Petrosilius Zwackelmann. Im Tausch gegen fünf Eimer geschälter Kartoffeln hat er es schließlich herausgerückt: Das Rezept für seine einmaligen Hokus-Pokus-Puffer.

Und nun hast du die große Ehre, all diese Gerichte nachzukochen und auszuprobieren. Damit dir das gut gelingt, hab ich dir noch ein paar Tipps und Tricks aufgeschrieben, sozusagen das 1 x 1 der Räuberküche. Lies die am besten erst mal durch, bevor du loslegst, dann kann eigentlich nix mehr schiefgehen.
Jetzt aber Schluss mit der langen Vorrede, dein Magen knurrt bestimmt schon genauso laut wie meiner! Viel Spaß beim Kochen und Backen!

Dein
Räuber Hotzenplotz

Ach ja, eine letzte Sache noch: Verrate bloß keine meiner streng geheimen Geheimzutaten. Die müssen unter uns bleiben, sonst knallt's!

1.
2.
3.
RÄUBER-
HÖHLE
4.
Essen
fertig!

Das 1 x 1 der Räuberküche

Bevor du loslegst

Wasser marsch!

Die allererste Amtshandlung in der Küche ist: HÄNDE WASCHEN! Und zwar mit warmem Wasser und Seife.

Schick mit Schürze

Damit deine Kleider nicht schmutzig werden, zieh dir eine Schürze oder ein altes T-Shirt an. Oder – so mach ich es – ein geklautes Oberhemd vom Wachtmeister Dimpfelmoser. Damit kannst du matschen und kleckern, was das Zeug hält!

Keine haarige Angelegenheit

Wenn du lange Haare hast, binde sie zu einem Zopf zusammen oder setz dir einen Räuberhut auf.

Eine wichtige Zutat: Erwachsene

Erwachsene können hin und wieder sehr hilfreich sein, deshalb solltest du immer einen auf Lager haben, der dir helfen kann. Besonders, wenn es in der Küche heiß hergeht oder du mit scharfem Werkzeug arbeitest. Damit sie dir in der Zwischenzeit nicht im Weg rumstehen, gib ihnen einfach eine Aufgabe wie z. B. Geschirr abspülen oder Backform einfetten.

Damit nix anbrennt

Immer wenn Ofen oder Herd an sind – bleib in der Küche und pass auf. Dann brennen deine Köstlichkeiten nicht an.

Achtung: An kochendem Wasser oder spritzendem Fett kann man sich ruckzuck verbrühen. Fass niemals heiße Sachen wie Backbleche ohne Topflappen an und sei immer wachsam beim Hantieren mit scharfen Messern und Reiben.

Gute Vorbereitung ist alles

Bevor du loslegst, gibt es eine Sache, die ganz wichtig ist: Lies das Rezept in Ruhe einmal ganz durch oder lass es dir vorlesen.
Such alle Zutaten und Geräte zusammen und erst dann … geht's los!

Wie man ein Rezept liest

Ich hab dir aufgeschrieben, welche Zutaten und wie viel davon du für das jeweilige Gericht brauchst und wie lang es dauert, bis es fertig ist. Die Geheimzutaten, die ich in einigen Rezepten notiert habe, brauchst du nicht zwingend, damit die Gerichte gelingen. Aber sie verleihen ihnen eine ganz besondere Note. Und deshalb sind sie auch geheim!

Alle Rezepte sind, wenn nicht anders angegeben, für 4 hungrige Räuber gedacht.

Mengenangaben

- 1 Prise (das kenne ich als Räuber vom Schnupftabak) ist genau die Menge, die man mit 3 Fingern fassen kann.

- 1 TL meint einen gehäuften Teelöffel
- 1 EL meint einen gehäuften Esslöffel

- 1 Tasse meint so viel, wie in eine normale Kaffeetasse passt (250 ml)
- Eier gibt es in verschiedenen Größen. In den Rezepten sind immer Eier in der Größe M gemeint.

Für mich nur das Beste

Alte Räuberweisheit: Wer was Gutes kochen will, der braucht gute Zutaten. Bei mir im Wald ist das kein Problem. Hier finde ich hinter jedem Baum frische Sachen: Kräuter, Pilze und Beeren. Du musst dafür wohl oder übel einkaufen gehen, am besten auf dem Markt. Da bekommst du alles, was in der jeweiligen Jahreszeit so wächst. Außerdem sind die Sachen auf dem Markt nicht in Plastik verpackt. Ist besser für die Umwelt und für meinen Wald. Alles, was gerade nicht Saison hat, kaufst du am besten tiefgekühlt.

Bei Fleisch sag ich immer: Wenn, dann Bio, auch wenn das teurer ist. Denn für Bio-Fleisch gibt's strengere Regeln. Das ist nicht nur gut für die Tiere, sondern auch für die Bauern, das Klima und schmecken tut's auch besser.

Potzblitz! Essen wegwerfen ist Obermist!

Ich glaub ja kaum, dass von meinen köstlichen Gerichten was übrig bleibt. Aber falls doch, dann ab damit in den Kühlschrank oder die Gefriertruhe. Meine Erfahrung: Manche Speisen schmecken am nächsten Tag gleich noch mal so gut.

Nicht alles nach Vorschrift machen, wir sind hier nicht bei der Polizei!

Nur weil in einem Rezept genaue Angaben für Zutaten stehen, heißt das nicht, dass du nicht ein bisschen herumexperimentieren darfst. Im Gegenteil!

» Du hast das Gemüse, das in meinem Rezept steht, gerade nicht im Haus? Dann nimm einfach das, was da ist, oder dein persönliches Lieblingsgemüse!
» Du findest den Kuchen zu süß? Gib weniger Zucker rein.
» Du hast andere Ideen, was man aus einem Teig formen könnte? Probier's einfach aus!

Die allerwichtigste Zutat beim Kochen ist, dass du Spaß dran hast! Alles klar? Na, dann kann's ja losgehen!

Die wichtigsten Küchenhelfer

Messer

Schneidebrett

Gemüsebürste

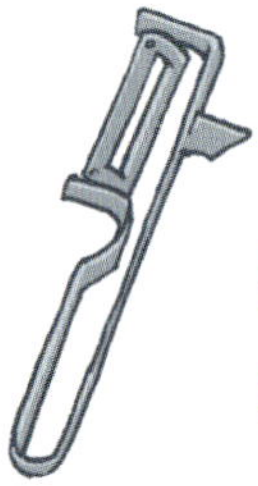

Sparschäler

Messbecher

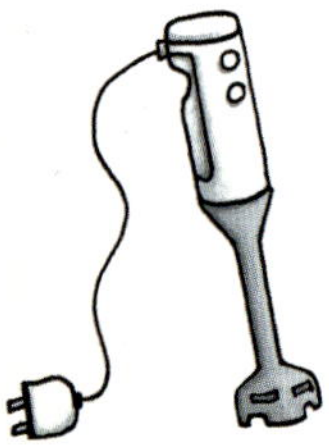

Pürierstab

Kartoffelstampfer

Reibe

Waage

Sieb

Kochlöffel

Zitruspresse

Pfannenwender

Handrührgerät

Pfefferpistole

Teigrolle

Schneebesen

Waffeleisen

Backpinsel

Backpapier

Kleiner Räuber-Kochkurs

Obst und Gemüse schrubben

Obst und Gemüse solltest du vor dem Kochen immer gründlich säubern und putzen.

Dazu nimmst du am besten eine Bürste und schrubbst es unter fließendem Wasser. Für manche Rezepte musst du Obst oder Gemüse schälen. Dafür benutzt du am besten einen Sparschäler. Vorsicht, scharfe Klinge!

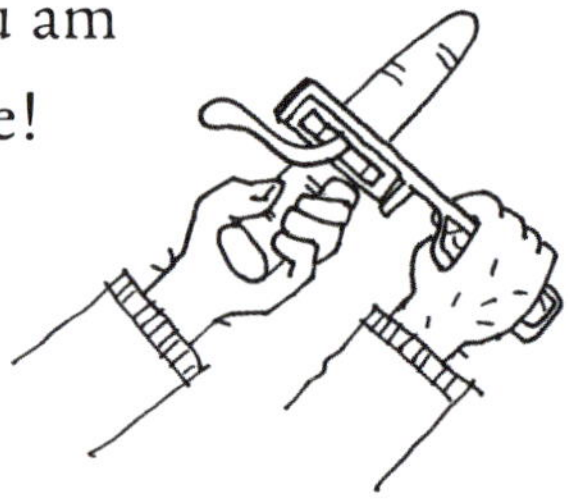

Zwiebeln schneiden für Heulsusen

Beim Zwiebelnschneiden muss selbst ich ab und zu weinen. Aber ich wäre nicht der Räuber Hotzenplotz, wenn ich dafür keine super Lösung hätte: Setz dir beim Zwiebelnschneiden einfach eine Taucherbrille auf. Dann kann es ohne Tränen losgehen.
Und jetzt verrate ich dir noch, wie man Zwiebeln perfekt schneidet. So geht's:

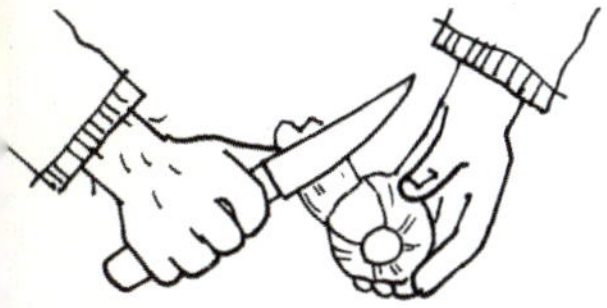

Zuerst wird die Schale der Zwiebel mit einem Messer vorsichtig entfernt.

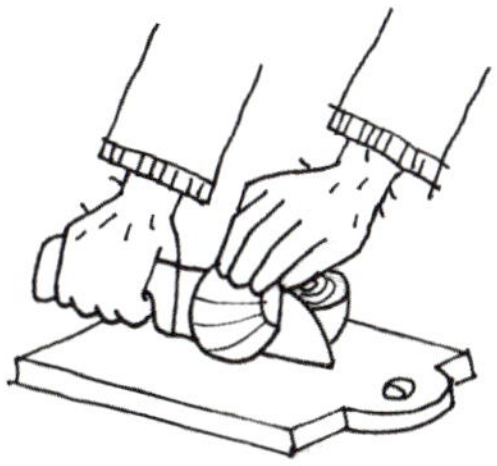

Dann wird die Zwiebel von der Wurzel zur Spitze einmal in der Hälfte durchgeschnitten.

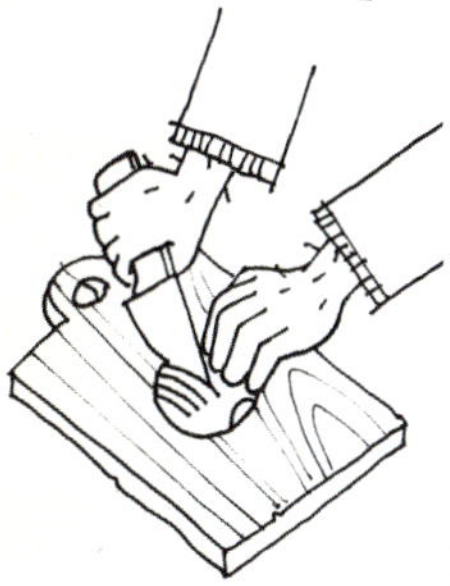

Eine Hälfte der Zwiebel legst du mit der Schnittfläche nach unten auf dein Schneidebrett und schneidest sie in kurzen Abständen längs ein.

Zum Schluss schneidest du die Zwiebel quer zur Faser, dabei zerfällt sie von selbst in kleine Würfel.

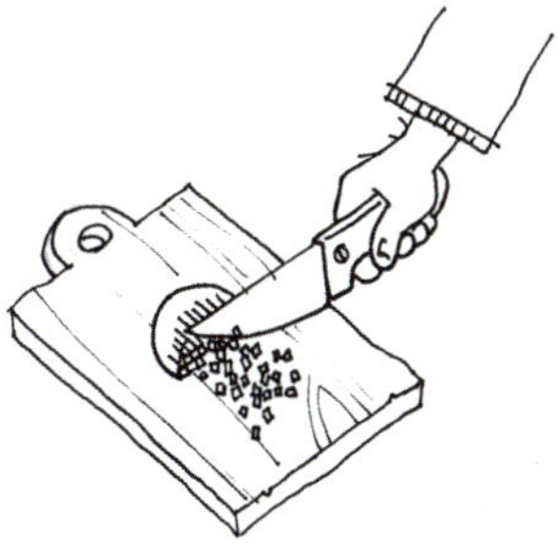

Und Knoblauch? Den zerquetsch ich einfach mit der Hand!

Schnibbelei

Am besten schneidet es sich auf einer rutschfesten Unterlage. Dafür gibt es einen super Trick: leg ein nasses Tuch unter das Schneidebrett und schon flutscht es nicht mehr weg.

Ran an den Herd

Jedes Kochfeld hat verschiedene Stufen.
Je höher die Zahl, desto heißer wird die Kochplatte.
»Anbraten« bedeutet, du schaltest den Herd auf eine hohe (heiße) Stufe.
»Einkochen lassen« bedeutet, du schaltest den Herd auf eine niedrige Stufe und lässt dein Gericht eine Weile vor sich hin blubbern.

Kleine Räuber-Backschule

Teig ausrollen

Damit dein Teig beim Ausrollen nicht an der Küchenarbeitsplatte festklebt, streu zuerst etwas Mehl auf die Arbeitsfläche.

Achte darauf, dass die fertige Teigplatte möglichst überall die gleiche Dicke hat.

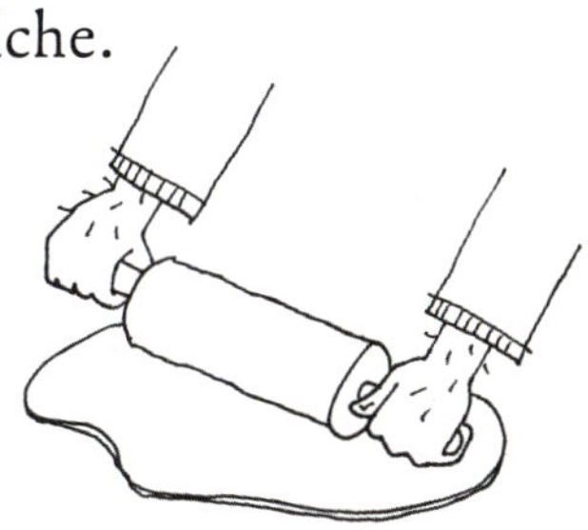

Gut in Form

Bevor Teig in die Backform wandert, fette sie entweder mit einem Backpinsel und Butter ein oder leg sie mit einem passenden Stück Backpapier aus.

Eier trennen

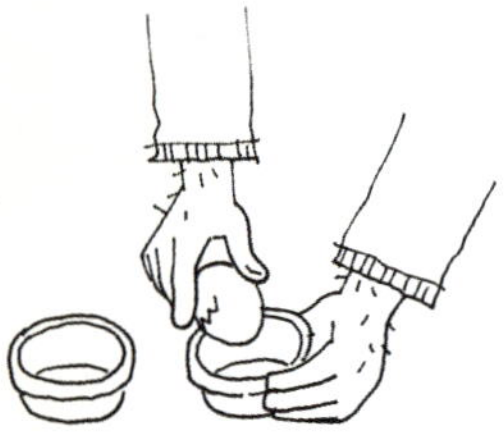

Für einige Leckereien brauchst du nur das Eiweiß oder das Eigelb vom Ei. Dafür musst du die Eier trennen, so nennt man das.

Zunächst schlägst du die Mitte vom Ei leicht auf den Schüsselrand auf, sodass ein kleiner Riss entsteht. Vergrößere den Riss mit den Fingern und zieh das Ei vorsichtig über einer Schüssel auseinander.

Das Eigelb trennt sich vom Eiweiß, indem du es von einer Schalenhälfte in die andere gleiten lässt.

Das Eigelb sammelst du in einem kleinen Gefäß. Und zack!, hast du dein Ei getrennt. Kinderleicht, oder?

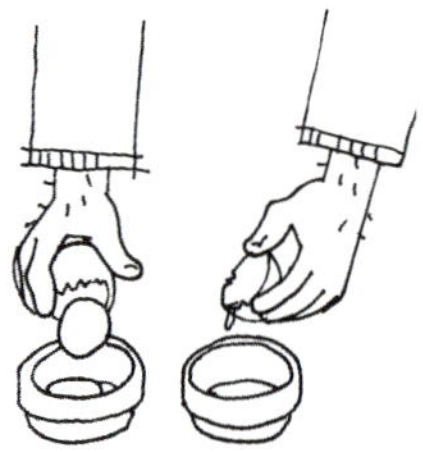

Alles-in-Butter-Tipp

Wenn du Butter zum Backen verwendest, hol sie rechtzeitig aus dem Kühlschrank, damit sie schön weich ist. Sobald du einen Finger problemlos in die Butter stecken kannst, ist sie perfekt zum Weiterverarbeiten.

Schokoladenbad

Schokolade im Wasserbad zu schmelzen ist ganz einfach. Alles, was du brauchst, sind klein gehackte Schokolade, eine Schüssel und ein Topf. Die Schüssel muss größer als der Topf sein. Füll den Topf mit Wasser und bring das Wasser fast zum Kochen. Nimm den Topf vom Herd. Setze die Schüssel mit der Schokolade auf den Topf. Rühr mit einem Löffel, bis die gesamte Schokolade geschmolzen ist. Dann kannst du die Schüssel vom Wasserbad nehmen und weiterverarbeiten. Achtung, heiß!

Ein Teig für alle Fälle

Für viele meiner Lieblingsrezepte brauchst du Hefeteig, mal herzhaften (zum Beispiel für das Stockbrot) und mal süßen (zum Beispiel für Frau Schlotterbecks magischen Streuselkuchen). Hier sind meine streng geheimen Geheimrezepte für richtig guten Hefeteig:

Der perfekte herzhafte Hefeteig

Du brauchst:

15 Min.

- 400 g Mehl
- 1 TL Zucker
- 1 Würfel Hefe (42 g)
- 1–2 TL Salz
- 3 EL Öl
- 220 ml lauwarmes Wasser

1. Gib zuerst Mehl, Zucker, Hefe und Salz in eine Schüssel und vermisch alles gut miteinander. Schütte Öl und das lauwarme Wasser hinzu.

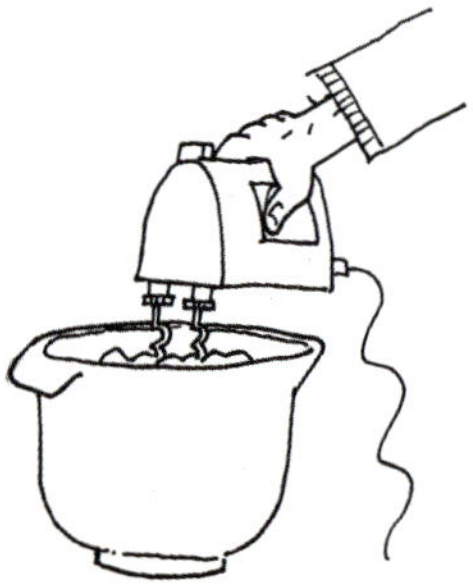

2. Verknete alle Zutaten mit den Knethaken des Handrührgeräts zu einem glatten Teig. Lass ihn zugedeckt an einem warmen Ort 45 Minuten gehen.

Der perfekte süße Hefeteig

Du brauchst:

15 Min.

220 ml Milch
80 g weiche Butter
1 Würfel Hefe (42g)
500 g Mehl
80 g Zucker

1. Erwärme die Milch zusammen mit der Butter (Achtung, nicht zu heiß!) und brösel den Hefewürfel hinein. Füg noch einen EL Zucker zu und rühr alles kurz mit einem Löffel glatt.

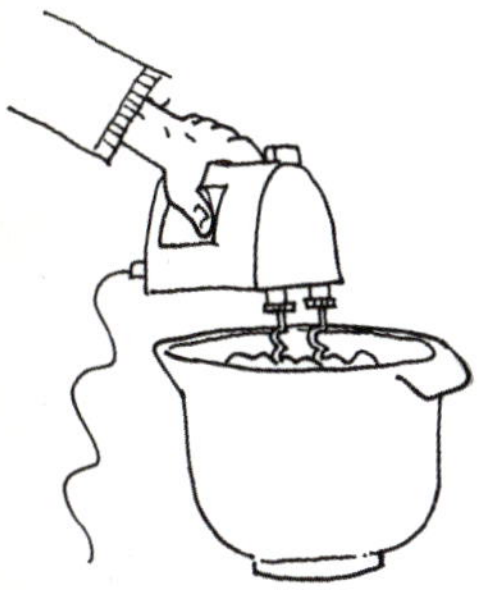

2. Als Nächstes gibst du Mehl und den restlichen Zucker in eine große Rührschüssel. Schütte die Hefemilch dazu und verknete die Zutaten mit den Knethaken des Handrührgeräts so lange, bis ein elastischer Teig entsteht, der sich vom Schüsselrand löst.

3. Forme den Teig zu einer Kugel, bedeck ihn mit einem Geschirrtuch und lass ihn ca. 60 Minuten an einem warmen Ort gehen. Er sollte dann etwa doppelt so groß sein.

Während der Hefeteig geht, kannst du ein paar Messer schleifen, Geld zählen oder Schatzkarten zeichnen.

Deftige Räuberteller

Vorsicht-Gold-Suppe

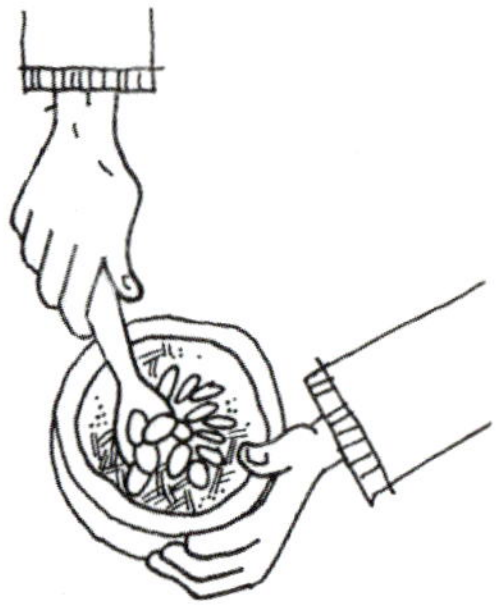

1. Schneide Zwiebeln, Ingwer und Knoblauch in kleine Würfel. Den Kürbis halbierst du und kratzt mit einem Löffel die Kerne raus. Du musst den Kürbis nicht schälen, nur in kleine Stücke schneiden. Dazu brauchst du ein gutes Messer und ordentlich Muckis!

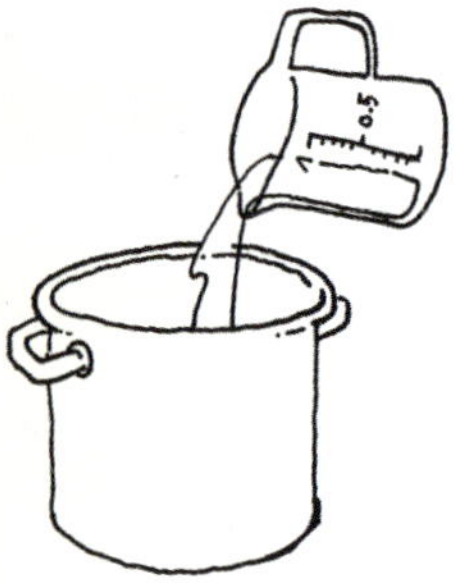

2. Brate alles in einem Topf mit 1 EL Öl 2 Minuten an. Dann gibst du die Brühe und meine Geheimzutat, den Orangensaft, dazu. Lass das Ganze 15 Minuten bei niedriger Temperatur leicht blubbernd kochen. Das Kürbisfleisch sollte schön weich sein.

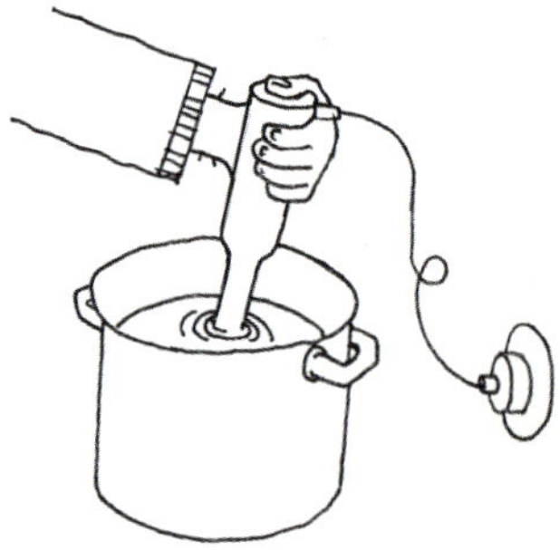

3. Mixe die Suppe mit dem Pürierstab cremig und schmecke sie mit Salz und einem Schuss aus der Pfefferpistole ab.

4. Jetzt fehlen nur noch die Goldstücke. Dafür schneidest du das Toastbrot in kleine Würfel und röstest sie in einer Pfanne mit der Butter goldbraun an. Suppe in den Teller, die knusprigen Goldstücke obendrauf und guten Appetit!

»Ist das Räuberglück dir hold, findest du 'ne Kiste Gold!«

Du brauchst:

2 Zwiebeln
1 Stück frischen Ingwer, so groß wie ein Räuberzeh
3 Knoblauchzehen
1 Hokkaido-Kürbis, ca. 700 g
1 EL Öl
600 ml Gemüsebrühe
Salz
Pfeffer

45 Min.

Meine Geheimzutat:
¼ l Orangensaft

Außerdem:
4 Scheiben Toastbrot
1 TL Butter

Du brauchst:

1,5 kg festkochende Kartoffeln
2 Zwiebeln
5 EL Kartoffelstärke oder Weizenmehl
4 Eier
Salz
Butterschmalz

Meine Geheimzutat:
1 Messerspitze Currypulver

Außerdem:
Apfelmus oder Kräuterquark
Etwas Zucker zum Bestreuen

60 Min.

Leckere Hokuspokus-Puffer

1. Dieses köstliche Rezept hat genau einen Haken: Man muss dafür richtig viele Kartoffeln schälen. Am besten lässt du das einen Kasperl oder einen Seppel für dich erledigen. Die geschälten Kartoffeln und gehäuteten und halbierten Zwiebeln raspelst du mit einer Reibe in eine Schüssel.

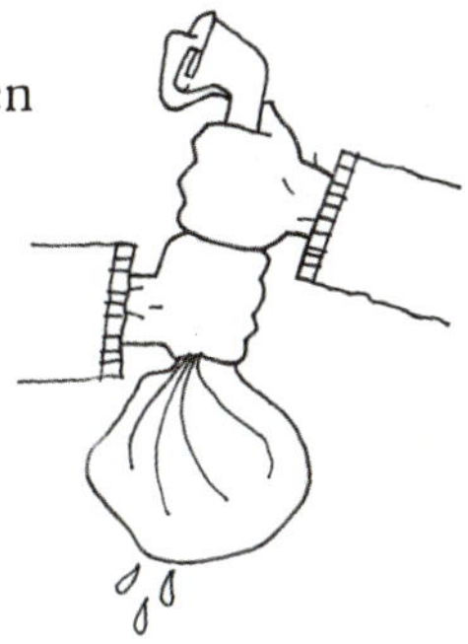

2. Die Masse gibst du in ein sauberes Geschirrtuch und lässt sie mehrere Minuten darin liegen. Dann quetschst du das Wasser aus den Kartoffeln raus.

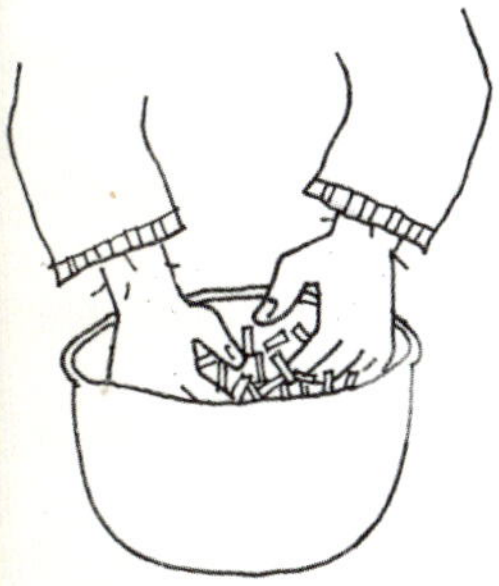

3. In den Kartoffelmix kommen die Kartoffelstärke, die Eier, ca. 1 TL Salz und meine Geheimzutat, das Currypulver. Jetzt die Ärmel hochkrempeln und alles mit den Händen ordentlich vermengen.

»Schlaue Zauberer wie ich benutzen zum Ausbacken einfach ein Waffeleisen!«

4. Dann wird gebrutzelt! Erhitze 2 EL Butterschmalz in einer großen Pfanne. Pro Kartoffelpuffer gibst du 2–3 EL Kartoffelmasse in die Pfanne und drückst sie mit einem Esslöffel rund und flach. Die Kartoffelpuffer sollen sich in der Pfanne nicht berühren.

5. Brate die Puffer bei mittlerer Flamme ca. 4 Minuten goldbraun an. Dann vorsichtig wenden und auf der anderen Seite nochmals 4 Minuten anbraten.

6. Nimm die Kartoffelpuffer aus der Pfanne und lass sie kurz auf einem Stück Küchenkrepp abtropfen. Jetzt hast du die Qual der Wahl! Willst du sie lieber mit einem Klecks Apfelmus und etwas Zimt und Zucker oder mit einem Klecks Kräuterquark verspeisen?

Seppels Spezial-Bolo

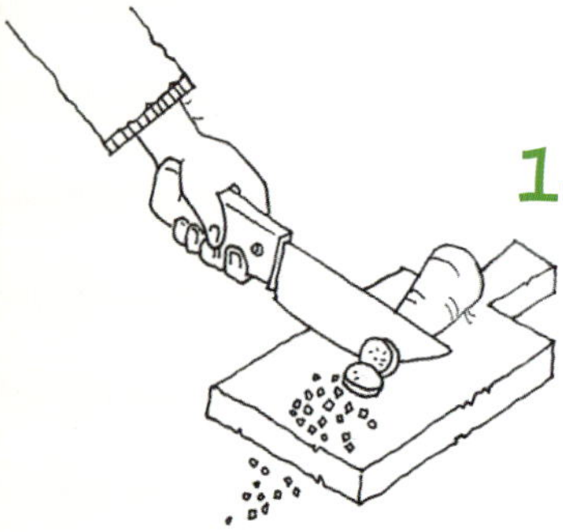

1. Zuerst schälst du Zwiebeln, Knoblauch und Möhren und schneidest sie in feine Würfel. Gib das Öl in eine heiße Pfanne und dünste alle Würfel 3–4 Minuten. Jetzt das Hackfleisch dazugeben und alles zusammen auf großer Flamme nochmals 3–4 Minuten anbraten.

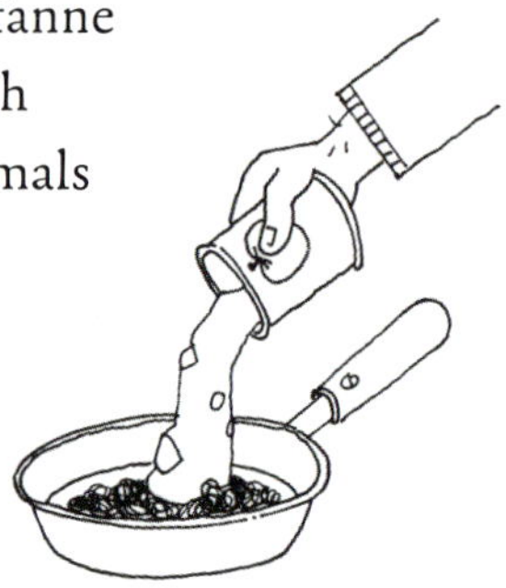

2. Füge Tomatenmark, Dosentomaten und Oregano hinzu und lass deine Soße bei mittlerer Flamme noch 10 Minuten weiterkochen. Zum Schluss mit Salz, Pfeffer und meiner Geheimzutat, dem Ahornsirup, abschmecken. Achtung, nur probieren, nicht jetzt schon alles aufessen!

3. Für die Spaghetti füllst du einen großen Topf mit Wasser und bringst es zum Kochen. Gib 2–3 TL Salz hinein, dann kommen die Spaghetti dazu. Bis die Nudeln weich sind, dauert es ungefähr 10 Minuten, aber sieh vorsichtshalber immer nach, was auf der Packung steht.

4. Die Spaghetti in ein Nudelsieb abgießen, abtropfen lassen und ab auf den Teller damit! Soße drauf und, wenn du magst, mit einer ordentlichen Portion Parmesan überstreuen.

»Daf Gerift fmeckt auch mit kurfen Nudeln fehr gut!«

Du brauchst:

30 Min.

- 2 Zwiebeln
- 2 Knoblauchzehen
- 2 Möhren
- 2 EL Pflanzenöl
- 500 g Rinderhackfleisch
- 2 EL Tomatenmark
- 500 ml stückige Dosentomaten
- 2 TL Oregano
- Salz
- Pfeffer
- 500 g Spaghetti

Meine Geheimzutat:

1 EL Ahornsirup

Nach Belieben:

Parmesan

Du brauchst:

30 Min.

- 500 g gemischte Pilze (z.B. Champignons, Egerlinge, Kräuterseitlinge)
- 1 mittelgroße Zwiebel
- 1 Knoblauchzehe
- 2 EL Butter
- 800 ml Gemüsebrühe
- 250 g Sahne
- Salz
- Pfeffer
- 50 g Speck gewürfelt
- 3–4 Stängel Petersilie

Meine Geheimzutat:
2 EL weißer Balsamicoessig

Schwammerlsuppe aus dem Räuberwald

1. Zuerst putzt du die Pilze und legst 3 Stück für später beiseite. Die übrigen Pilze schneidest du in Würfel. Schäle Zwiebel und Knoblauch und schneide beides ebenfalls in feine Würfel.

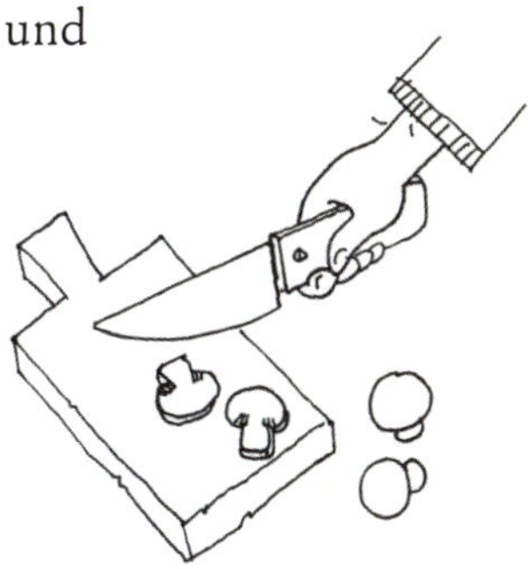

2. Gib 1 EL Butter in einen Topf und lass Pilzwürfel, Zwiebeln und Knoblauch darin 2–3 Minuten andünsten. Dann Brühe und Sahne dazugeben und die Suppe bei mittlerer Flamme 10 Minuten leicht blubbernd kochen lassen.

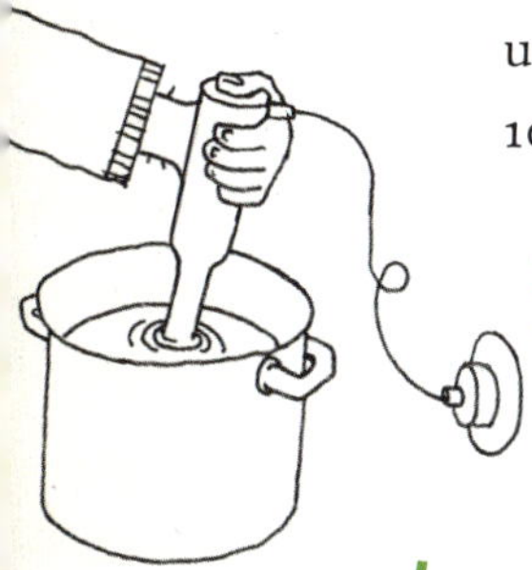

3. Alles mit dem Pürierstab mixen, mit Salz und Pfeffer würzen und – schwupps! – die Geheimzutat, den Essig, hinein. Ich schwör dir, das schmeckt!

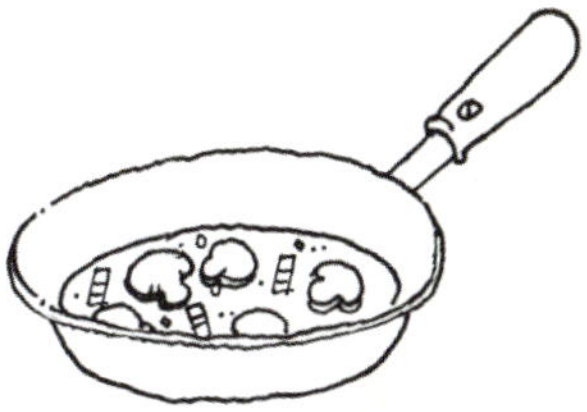

4. Die Pilze, die du beiseitegelegt hast, schneidest du in feine Scheiben und brätst sie zusammen mit dem Speck in der restlichen Butter 4 Minuten goldbraun an. Dann noch die Blättchen von der Petersilie abzupfen und klein hacken.

5. Jetzt ist alles bereit: Eine große Kelle Suppe in den Teller, Pilze, Speck und Petersilie drüberstreuen und zum Schluss noch ein guter Schuss aus der Pfefferpistole. Dazu schmeckt eine dicke Scheibe Brot.

Räuberschmaus

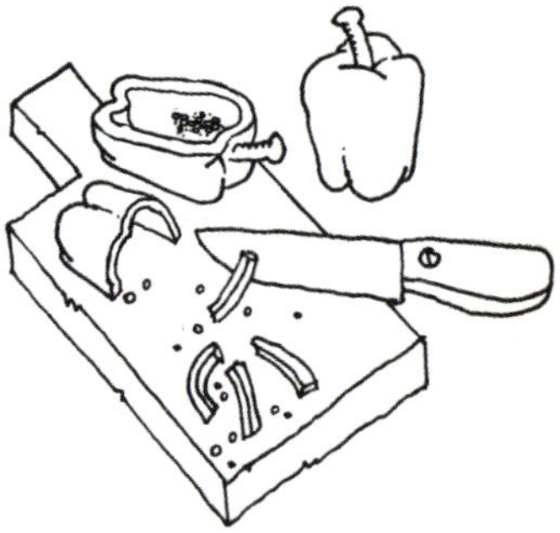

1. Zuerst schälst du Zwiebeln und Knoblauch. Schneide die Zwiebeln in dünne Ringe und den Knoblauch in kleine Würfel. Entferne den Stiel und das Kerngehäuse der Paprika, halbiere sie und schneide sie in dünne Streifen.

2. Erhitze 1 EL Öl in einer großen Pfanne und brate die Schupfnudeln darin 3–4 Minuten auf großer Flamme goldgelb. Wenn sie richtig schön knusprig sind, kannst du sie herausnehmen und beiseitestellen.

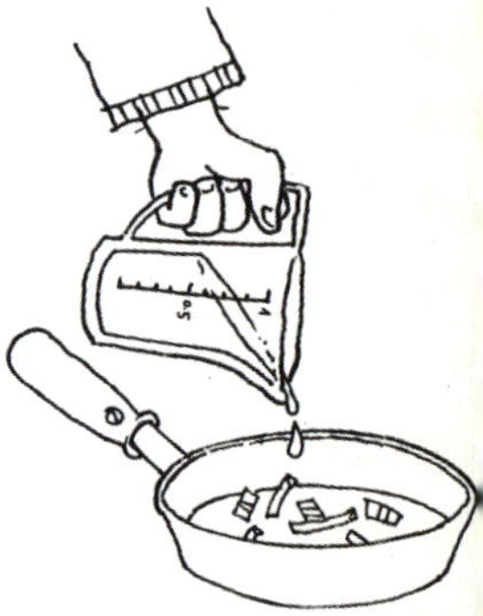

3. Dann erhitzt du nochmals etwas Öl und brätst Zwiebeln, Knoblauch und Speck darin an. Riecht schon nach Räuberschmaus, oder? Jetzt die Paprikastreifen hinzufügen und alles für 4–5 Minuten bei mittlerer Flamme weiterbraten. Am Schluss rührst du Brühe und Frischkäse unter und gibst dem Ganzen weitere 5 Minuten auf niedriger Flamme.

4. Schmecke das Gemüse mit Salz und meiner Geheimzutat, dem Paprikapulver ab. Gib die Schupfnudeln wieder dazu und rühr alles durcheinander. Einfach nur lecker! Echte Räuber stellen die Pfanne mit einem Untersetzer auf den Tisch und jeder greift zu.

»Und zum Schluss noch ein ordentlicher Schuss aus der Pfefferpistole!«

30 Min.

Du brauchst:

2 rote Zwiebeln
2 Knoblauchzehen
3 rote Paprika
Öl
500 g Schupfnudeln (aus dem Kühlregal)
150 g Speckwürfel
3 EL Gemüsebrühe
200 g Kräuterfrischkäse
Salz
Pfeffer

Meine Geheimzutat:
3 Prisen Paprikapulver edelsüß

Du brauchst:

Für das Sauerkraut:

500 g ungegartes Sauerkraut abgetropft

200 ml Gemüsebrühe

½ TL Salz

Pfeffer

1 Lorbeerblatt

Für die Stampfkartoffeln:

8–10 mittelgroße festkochende Kartoffeln

Salz

150 ml Milch

80 g zimmerwarme Butter

Pfeffer und eine Prise gemahlene Muskatnuss

Zusätzlich:

2 EL Öl

8 Bratwürstchen

Meine Geheimzutat:

4 EL klein geschnittene Ananasstückchen aus der Dose

45 Min.

Großmutters Bratwürste mit Sauerkraut und Stampfkartoffeln

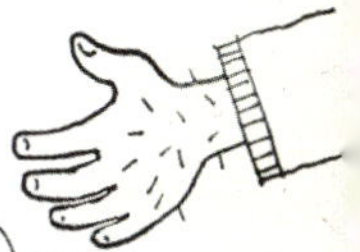

1. Zuerst die Stampfkartoffeln vorbereiten. Dafür schälst du die Kartoffeln, viertelst sie und lässt sie ca. 25 Minuten kochen.

2. Das Sauerkraut erhitzt du zusammen mit der Brühe, Salz, einer Prise Pfeffer, dem Lorbeerblatt und meiner Geheimzutat, den Ananasstücken, in einem Topf und lässt es auf niedriger Flamme 15–20 Minuten kochen, bis die Flüssigkeit verdampft und das Sauerkraut schön weich ist.

3. Die Kartoffeln vom Herd nehmen, das Wasser abgießen – Vorsicht, heißer Dampf! – und Milch und Butter zugeben. Jetzt kannst du den Kartoffelstampfer schwingen! Zerdrücke alles ordentlich zu einem leckeren Brei. Dann mit Salz, Pfeffer und Muskatnuss würzen.

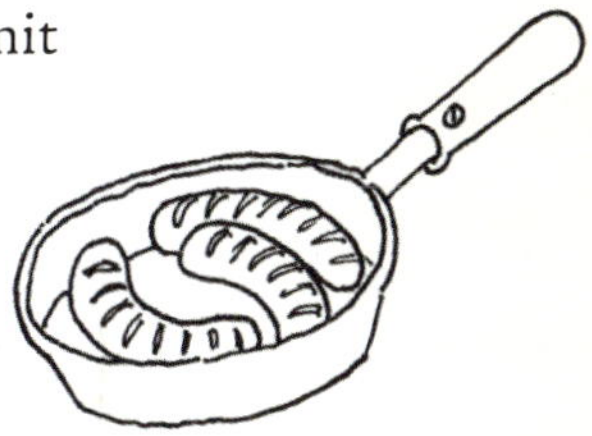

4. Die Würstchen brätst du mit 2 EL Öl in einer heißen Pfanne je 2 Minuten von allen Seiten leicht braun an. Dann alles zusammen auf den Teller und ab damit. Schmeckt haargenau wie bei der Großmutter!

»Her mit den Bratwürsten, aber dalli!«

Zwackelmanns Zauberklöße

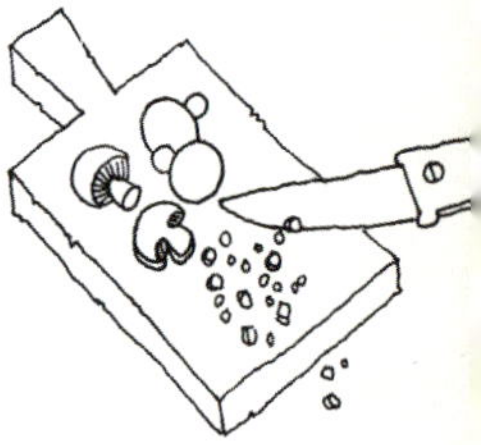

1. Für die Pilzfüllung putzt und würfelst du die Pilze. Die Petersilie hackst du schön klein. Dann erhitzt du 1 EL Öl in einer Pfanne und brätst die Pilze darin ca. 5 Minuten kräftig an. Rühr die Petersilie unter, würze das Ganze mit Salz und Pfeffer und lass die Füllung etwas abkühlen.

2. Für die Zwetschgenfüllung halbierst du die Zwetschgen und nimmst die Kerne raus. Zucker und Zimt vermischst du in einer kleinen Schüssel.

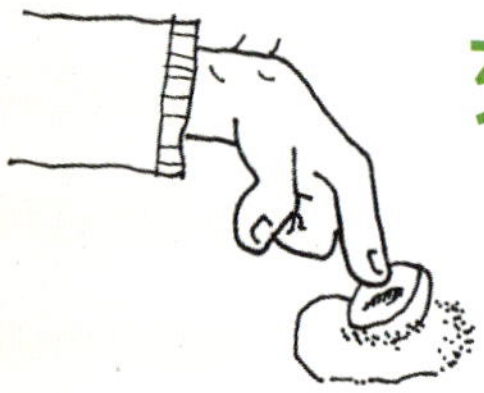

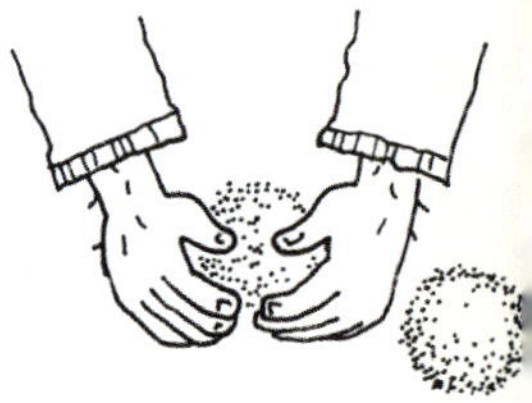

3. Teile den Kloßteig in acht Portionen, denn jetzt geht's rund! Bemehle deine Hände und forme aus den Portionen Kugeln. Drück jeden Kloß etwas flach und füll ihn wahlweise mit einer halben Zwetschge und Zimt und Zucker oder mit einem Esslöffel der Pilzfüllung. Verschließe den Teig über der Füllung und forme erneut Kugeln daraus.

4. Lass die Klöße in einem Topf mit siedendem Salzwasser 20 Minuten gar ziehen. Wenn sie an der Wasseroberfläche schwimmen, sind sie fertig. Dann kannst du sie mit einer Schaumkelle herausfischen.

5. In einer heißen Pfanne lässt du die Butter schmelzen und gibst die Semmelbrösel dazu. Die bräunst du bei mittlerer Flamme 2–3 Minuten an. Dabei immer schön umrühren, damit sie nicht verbrennen! Ein Teelöffel davon kommt auf jeden Kloß. Na, wer lässt sich als Erster überraschen?

»Mal schmecken meine Klöße herzhaft, mal süß. Erst wenn man hineinbeißt, lüftet sich das Geheimnis!«

Du brauchst:

Für die Klöße:
1500 g fertigen Kloßteig halb und halb aus dem Kühlregal

Für die Pilz-Füllung:
250 g braune Champignons
½ Bund Petersilie
2 EL Öl
Salz
Pfeffer

45 Min.

Für die Zwetschgen-Füllung:
2 Zwetschgen
1 EL Zucker
½ TL Zimt

Für obendrauf:
80 g Butter
60 g Semmelbrösel

Du brauchst:

30 Min.

- 200 g mehligkochende Kartoffeln
- 1 Zwiebel
- 1 TL Öl
- 1 Liter Gemüsebrühe
- 500 g frische Brennnesselblätter (nur die jungen, zarten Blätter benutzen)
- Salz
- Pfeffer
- 1 Prise Muskat gerieben

Außerdem:

- Crème fraîche
- Brot

Ach du grüne Sieben! – Brennnesselsuppe für Mutige

1. Schäl die Kartoffeln und die Zwiebel und schnipple beides in Würfel. Dünste die Zwiebelwürfel in einem heißen Topf mit Öl für 3 Minuten an. Dann kommen die Kartoffelwürfel dazu. Lass alles zusammen noch mal 4 Minuten weiterbrutzeln.

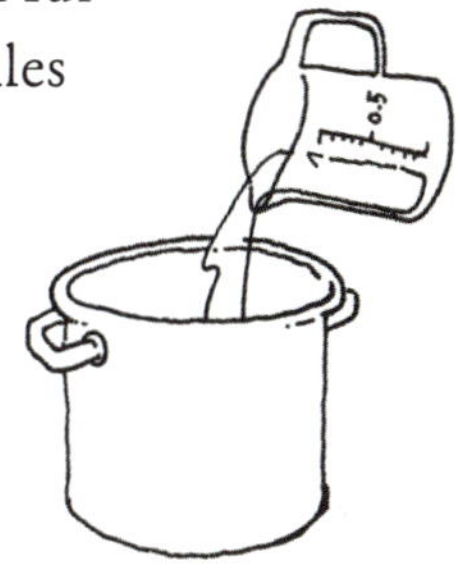

2. Jetzt löschst du das Ganze mit der Gemüsebrühe ab, dass es nur so zischt, gibst die Brennnesselblätter dazu und lässt die Suppe für 10–15 Minuten bei mittlerer Flamme weiterkochen.

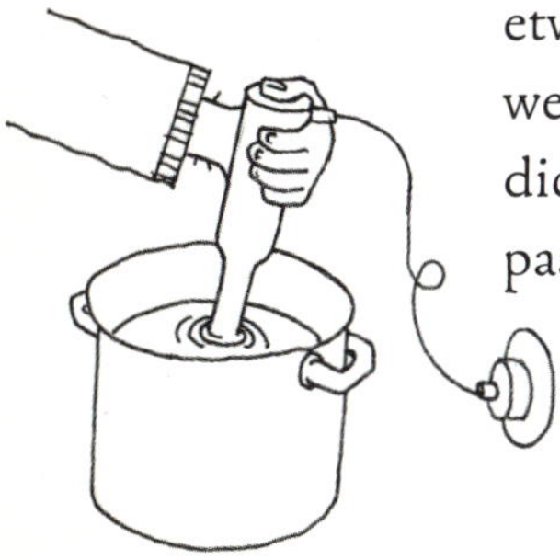

3. Zum Schluss pürierst du alles mit einem Pürierstab cremig. Noch etwas Salz, Pfeffer und Muskat dazu und fertig ist dein Meisterwerk. Die Suppe wird mit einem Löffel Crème fraîche und einer dicken Scheibe Brot aufgetischt. Doppelt Mutige streuen noch ein paar Gänseblümchen auf die Suppe.

»Ich pflück die Brennnesseln immer mit Handschuhen. Ich will mir ja nicht meine zarten Räuberhände ruinieren!«

Gefesselter Fisch

1. Heiz den Backofen auf 200 °C vor. Für die Soße schälst du die Schalotten und schneidest sie in feine Würfel. Die Tomaten schneidest du ebenfalls in kleine Würfel.

2. Lass die Butter in einem heißen Topf schmelzen und brate die Schalottenwürfel 3 Minuten lang darin an. Gib deine gewürfelten Tomaten, Tomatenmark, Zitronensaft und etwas Zucker dazu und lass das Ganze für 10 Minuten bei mittlerer Flamme kochen. Zum Schluss noch eine Prise Salz, etwas Pfeffer und fertig ist die feine Soße.

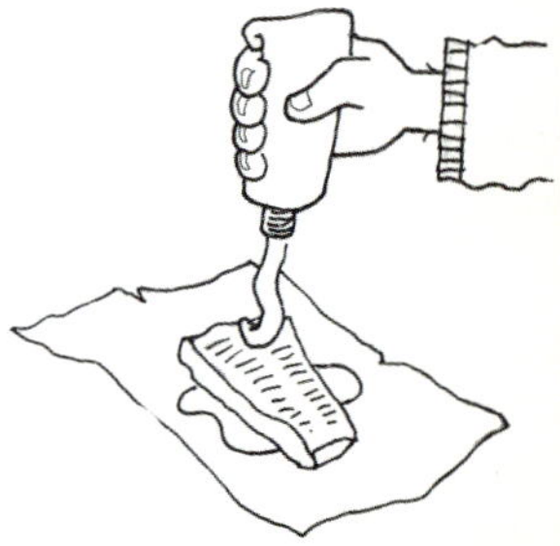

3. Jetzt kommt der Fisch an die Reihe. Halte die Fischfilets kurz unter fließendes Wasser und tupf sie dann mit Küchenpapier trocken. Schnapp dir ein Stück Backpapier, gib 3 TL der Soße auf das Papier und leg das Fischfilet darauf. Auf den Fisch kommt meine Geheimzutat, ein Klecks Senf, ganz zum Schluss die Zitronenscheibe.

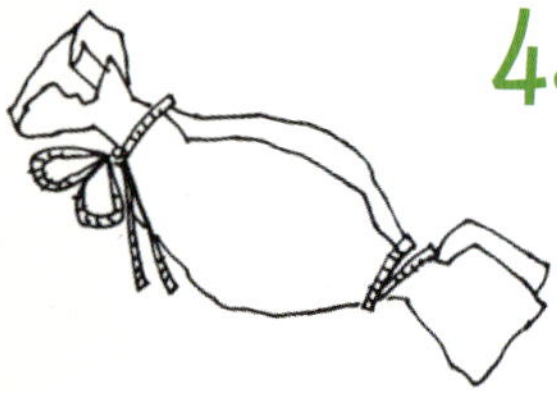

4. Der Fisch muss nun ordentlich gefesselt werden. Und zwar so, dass nix von der Füllung abhauen kann. Dazu faltest du das Papier einmal von rechts und einmal von links über den Fisch und bindest die Öffnungen vorne und hinten mit der Schnur fest zu, wie bei einem Bonbon. Wenn du einen Helfer parat hast, her mit ihm! Denn vier Hände fesseln besser als zwei.

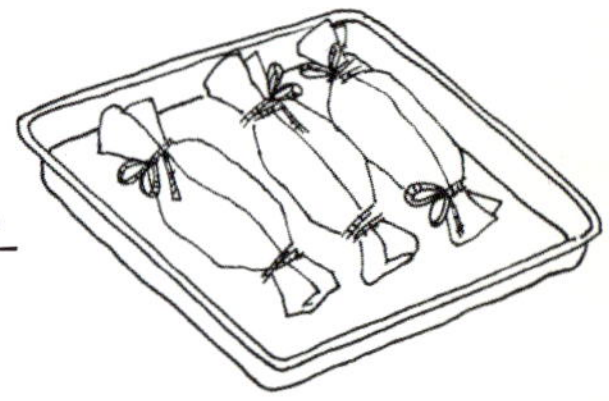

5. Leg deinen gefesselten Fisch auf ein Backblech und lass ihn für 15 Minuten backen. Als Beilage passen Salzkartoffeln oder ein paar Scheiben Baguette zum Tunken.

»Halunken wie den Hotzenplotz muss man gut verschnüren. Da muss jeder Knoten sitzen!«

Du brauchst:

45 Min.

4 Fischfilets ohne Gräten, z.B. Seelachs oder Kabeljau
4 Zitronenscheiben

Für die Soße:
2 Schalotten
8 Tomaten
2 EL Butter
4 TL Tomatenmark
1 TL Zitronensaft
1 Prise Zucker
Salz und Pfeffer

Meine Geheimzutat:
2 EL Senf (mittelscharf)

4 Abschnitte Backpapier, 30 x 30 cm groß
Baumwollschnur

Du brauchst:

30 Min.

400 ml Milch
4 Eier
300 g Mehl
Salz
Pfeffer
1 Bund Kräuter nach Wahl
1 Handvoll Babyspinat
Öl
200 g Kräuterfrischkäse

Für die Deko:
1 Cocktailtomate
1 schwarze Olive
1 Scheibe Gouda
3 Scheiben Gurke

Unken-Pfannkuchen

1. Für den Pfannkuchenteig gibst du Milch, Eier, Mehl, Salz, Pfeffer sowie die Kräuter und den Spinat in eine Schüssel. Mixe alles mit einem Pürierstab 1–2 Minuten. Den froschgrünen Teig lässt du 10–15 Minuten quaken, äh, quellen.

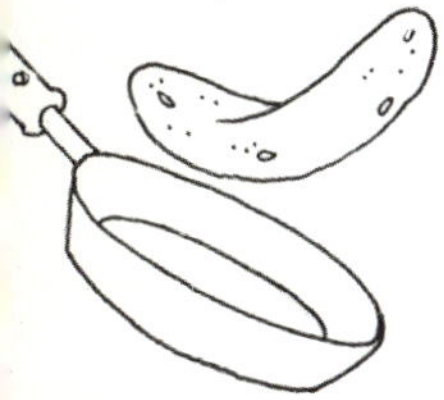

2. Erhitze etwas Öl in einer Pfanne und back die Pfannkuchen bei mittlerer Flamme nacheinander aus. Bestreiche jeden Pfannkuchen mit 1 EL Kräuterfrischkäse und falte ihn zusammen.

3. Damit aus deinem Pfannkuchen eine echte Unke wird, schneide dir zwei Gurkenscheiben als Augen zurecht, aus der dritten Gurkenscheibe schnitzt du zwei Füße. Halbiere eine Cocktailtomate für die Bäckchen und eine Olive für die Pupillen. Aus der Goudascheibe schneidest du einen Mund und eine Zunge aus und legst alles auf den gefalteten Pfannkuchen. Fertig ist deine ulkige Unke!

»Schmeckt auch gut mit Quaaak!«

Feines Gemüse mit Feenkraut

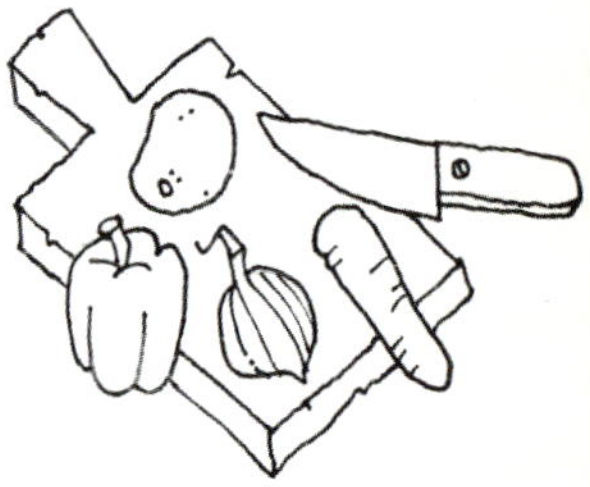

1. Zuerst heizt du den Backofen auf 180 °C vor und legst zwei Backbleche mit Backpapier aus. Dann schälst du die Kartoffeln, die Möhren und die Gemüsezwiebel. Die Paprika halbierst du und schneidest Stiel und Kerngehäuse raus.

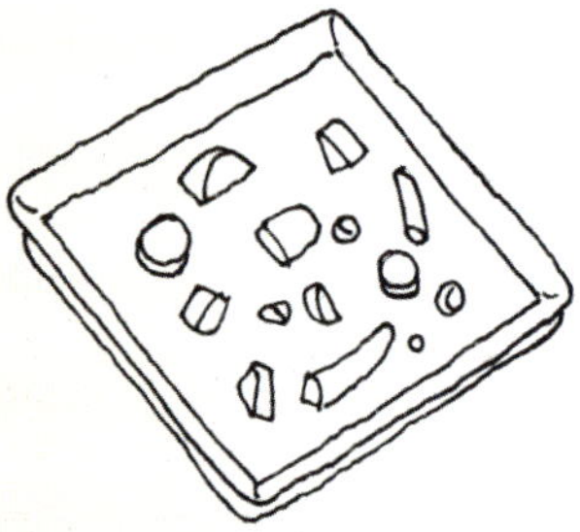

2. Schneide das Gemüse und den Feta in ca. 3 x 3 cm große Stücke und vermenge alles in einer Schüssel mit dem Olivenöl, Salz, Pfeffer und Kräutern der Provence. Verteile die Gemüse-Feta-Mischung auf die Bleche und dann ab damit in den Backofen, und zwar für 40 Minuten.

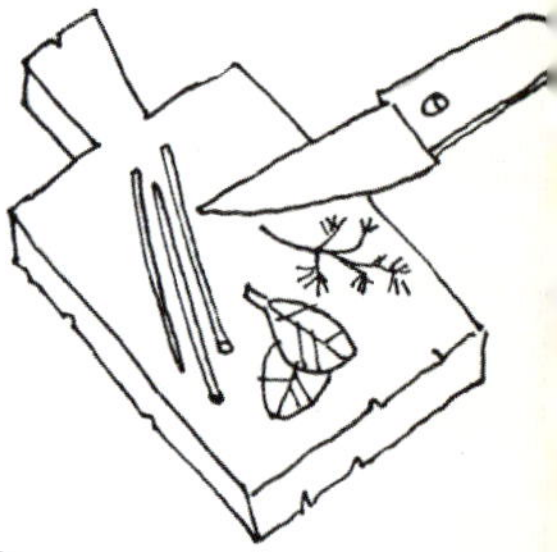

3. In der Zwischenzeit kannst du die Feenkraut-Soße zubereiten. Dafür schneidest du die Frühlingszwiebel und die Kräuter (bis auf das Feenkraut) klein. Verrühr deine Kräuter in einer Schüssel mit der Crème fraîche. Reib die Schale der Zitrone ab. Dann presst du den Saft aus und rührst Zitronenschale und -saft in die Soße. Mit Salz und Pfeffer abschmecken.

4. Jetzt musst du nur noch das Gemüse aus dem Ofen holen und zusammen mit der Soße servieren. Wichtig: Zum Schluss das Feenkraut vorsichtig klein zupfen und über das ganze Gericht streuen. Dabei folgenden Zauberspruch sagen:

»Unke, Unke, feine Tunke!
Verwunschen sei mit Feenkraut,
wer sich dies Rezept hier klaut!«

Du brauchst:

8 Kartoffeln
10 Möhren
1 Gemüsezwiebel
4 Paprika
200 g Feta
4 EL Olivenöl
1 TL Salz
½ TL Pfeffer
1 TL Kräuter der Provence

Für die Feenkraut-Soße:

1 Frühlingszwiebel
2 Stängel Petersilie
5 Stängel Schnittlauch
6 Basilikumblätter
200 g Crème fraîche
½ Bio-Zitrone

Meine Geheimzutat:

2 Stängel Feenkraut (von Nicht-Feen auch »Dill« genannt)

60 Min.

Süße Schleckereien

Du brauchst für eine Kuchenform mit Ø 26 cm:

60 Min.

80 g Zucker
Salz
175 g weiche Butter
1 Ei
250 g Mehl
1 kg Pflaumen
Butter oder Margarine für die Form

Meine Geheimzutat:
1 EL Zimt-Zucker

Nach Belieben:
Geschlagene Sahne

Großmutters berühmter Pflaumenkuchen

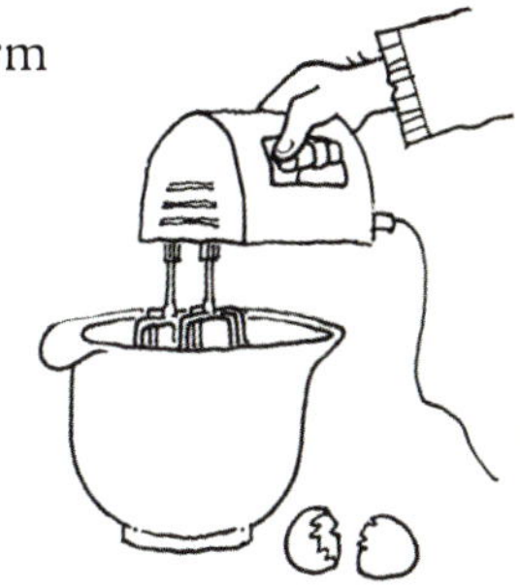

1. Heiz den Backofen auf 180 °C vor und pinsele die Kuchenform ordentlich mit Butter oder Margarine ein.

2. Rühr Zucker, Salz und Butter mit den Rührbesen des Handrührgeräts schaumig. Zuerst gibst du das Ei, dann löffelweise Mehl dazu. Dann ab in den Kühlschrank mit dem Teig.

3. Schnapp dir die Pflaumen, halbier sie und hol die Kerne raus. Potzblitz, das ist ganz schön viel Arbeit! Hut ab vor der Großmutter, die den Kuchen fast jeden Sonntag backt.

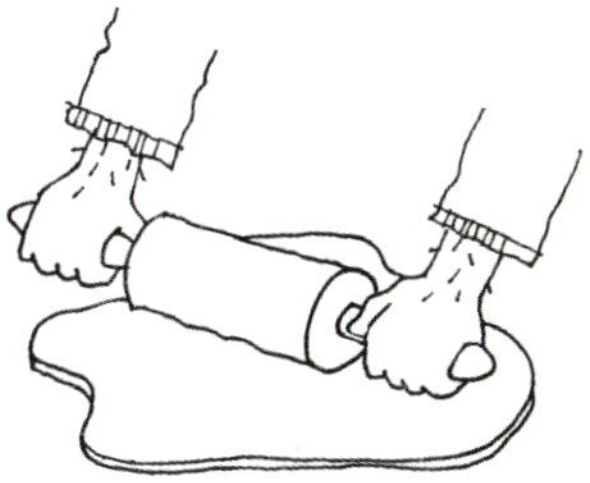

4. Hol den Teig aus dem Kühlschrank und roll ihn auf einer mit Mehl bestäubten Fläche zu einem Kreis aus, der einen etwas größeren Durchmesser als deine Kuchenform hat. Leg den Teig in die Kuchenform, und zwar so, dass ein Rand entsteht.

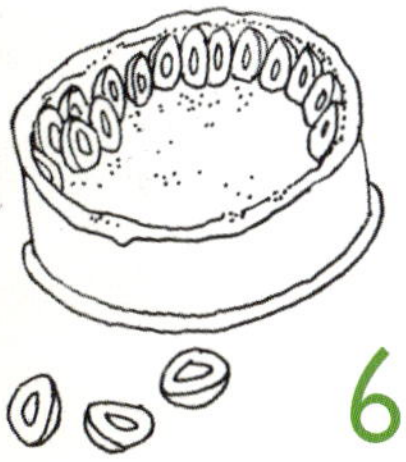

5. Verteile die Pflaumen rundherum von außen nach innen auf dem Teigboden und drück sie dabei ganz leicht fest.

6. Dann wandert der Kuchen für ca. 45 Minuten in den Backofen. Wenn er fertig ist, lass ihn erst abkühlen, bevor du ihn aus der Form nimmst. Nicht, dass der schöne Teig zerbricht! Das i-Tüpfelchen ist frisch geschlagene Sahne und meine Geheimzutat, der Zimt-Zucker. Streu ihn über die Pflaumen und fertig ist die Kuchensause!

»Mmmmh, Sonntag ist Pflaumenkuchentag!«

Verflixte Krümelei

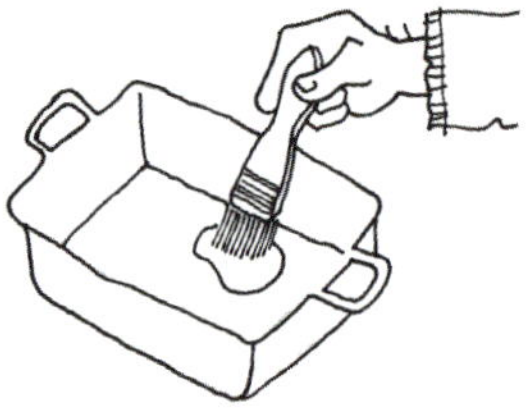

1. Heiz den Backofen auf 180 °C vor und fette die Auflaufform mit etwas Butter ein.

2. Mehl, Zucker und Zimt gibst du in eine Schüssel und vermischst alles ordentlich.

3. Jetzt kommt die weiche Butter in den Mehl-Mix. Verknete alles mit den Händen zu dicken Streuseln.

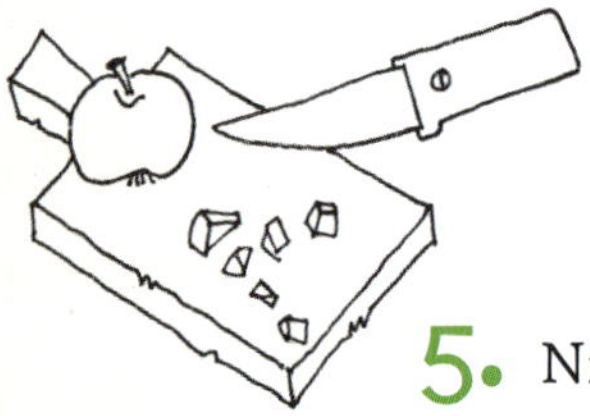

4. Schäl die Äpfel, schneide das Kerngehäuse raus und schnipple sie in kleine Würfel. Die Apfelstückchen vermischst du mit meiner Geheimzutat, den Rosinen, und gibst sie in die Auflaufform. Die Streusel krümelst du gleichmäßig darüber.

5. Nichts wie in den Backofen damit! Lass deine Krümelei ca. 30 Minuten backen. Dazu passt entweder eine dicke Kugel Vanilleeis oder ein Löffel Crème fraîche!

»Schmeckt mir am besten mit geklauten Äpfeln. Und wenn ich genug beisammenhabe – schnellstmöglich verkrümeln!«

60 Min.

Du brauchst:

350 g Mehl
120 g brauner Zucker
1 TL Zimt
200 g weiche Butter
7 mittelgroße Äpfel

Meine Geheimzutat:
2 EL Rosinen

Auflaufform (30 x 20 cm)

Du brauchst:

20 Min.

250 ml Milch
4 Eier
1 Päckchen Vanillezucker
6 Scheiben Kastenweißbrot (räuberdaumendick und ein paar Tage alt)
50 g Butterschmalz

Nach Belieben:
Beeren oder anderes Obst
Vanillesoße

Armer Räuber

1. Die Milch verrührst du mit den Eiern und dem Vanillezucker in einer Schüssel.

2. Dann legst du die Weißbrotscheiben in eine flache Auflaufform und gießt die Eiermilch darüber. Lass das Brot einweichen. Dabei wendest du es ein- bis zweimal vorsichtig mit einem Pfannenwender, bis die Milch komplett aufgesogen ist. Aber Obacht! Die Scheiben dürfen nicht zu weich werden.

3. Erhitze 1 EL Butterschmalz in der Pfanne. Am besten gelingt das Gericht, wenn sie gut beschichtet ist. Die Brotscheiben backst du darin portionsweise bei mittlerer Flamme von jeder Seite in 2–3 Minuten goldbraun. Fertig ist der süße Sattmacher für knurrende Räuberbäuche! Wenn du es ein bisschen krachen lassen willst, servierst du den Armen Räuber mit ein paar Heidel- und Himbeeren und einer ordentlichen Portion Vanillesoße.

Frau Schlotterbecks magischer Streuselkuchen

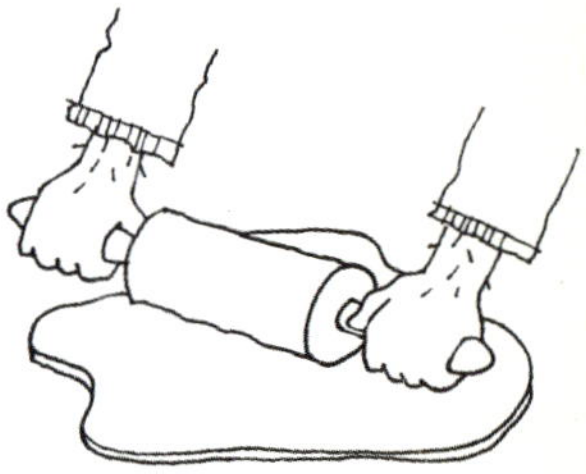

1. Zuerst legst du ein Backblech mit Backpapier aus. Den Hefeteig knetest du noch einmal gut durch, rollst ihn aus und gibst ihn dann auf das Blech. Lass ihn dort ca. 15 Minuten gehen. Jetzt ist es Zeit, den Backofen auf 180 °C vorzuheizen.

2. Zerbrösel die kalte Butter in kleine Flocken und gib sie in die Rührschüssel. Füge Mehl, Zucker und Zimt hinzu und verknete alles mit den Knethaken des Handrührgeräts. Dann formst Du mit den Händen köstliche Streusel daraus.

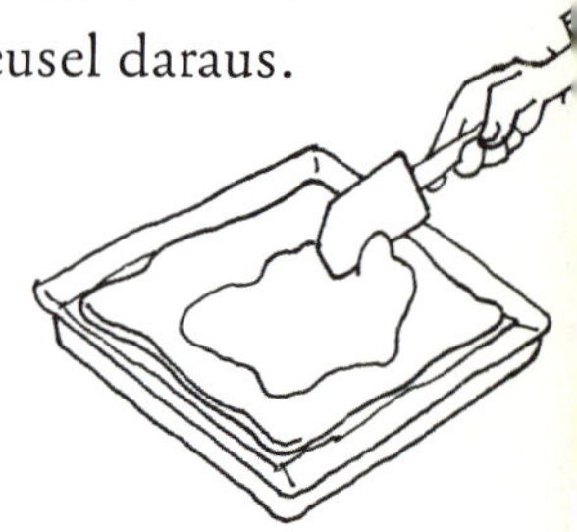

3. Die Crème fraîche rührst du einmal kurz mit einer Gabel glatt und verteilst sie ganz dünn auf dem Hefeteig. Die Streusel krümelst du gleichmäßig darüber.

4. Den Kuchen lässt du ca. 30 Minuten backen, bis die Streusel eine schöne hellbraune Farbe haben. Lass ihn nur ganz kurz abkühlen, dann kann das Kaffeekränzchen beginnen. Lauwarm schmeckt der Kuchen nämlich besonders gut. Und so gehst du auch sicher, dass nicht irgendein frecher Kasperl oder Seppel vorbeikommt und dir den Kuchen ratzfatz wegisst!

»Ich sehe, sehe, sehe ... um fünf nach vier kommt Besuch!«

Du brauchst:

Eine Portion Hefeteig (süß) nach Grundrezept S. 29

Für die Streusel:

175 g kalte Butter
300 g Mehl
150 g Zucker
1 TL Zimt
200 g Crème fraîche

45 Min.

Du brauchst:

30 Min.

300 ml Milch
70 g Zucker
1 Päckchen Vanillepuddingpulver
200 g Sahne
6 fertige Tarteletts
je 100 g Blaubeeren und Himbeeren

Meine Geheimzutat:
1 TL geriebene Zitronenschale

Frischhaltefolie

Großmutters Blumentörtchen

1. Sehen die nicht süß aus? Und genau so schmecken sie auch! Bring Milch, Zucker, Vanillepuddingpulver und meine Geheimzutat, die geriebene Zitronenschale, zum Kochen. Dann lässt du den Pudding mit Frischhaltefolie bedeckt abkühlen, damit sich keine Haut bildet.

2. Wenn der Pudding nur noch lauwarm ist, rühr ihn noch mal kurz mit dem Schneebesen glatt.

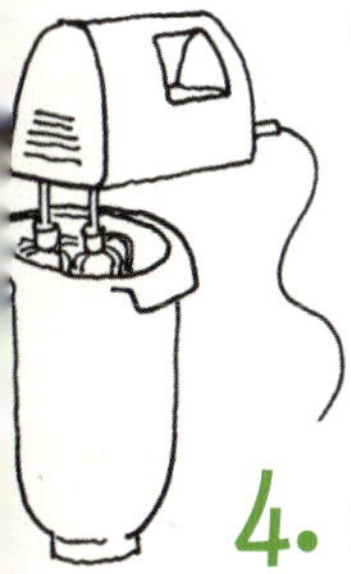

3. Schlag in einem Rührbecher die Sahne steif und heb sie dann esslöffelweise unter den Pudding. Aber Vorsicht, nicht mehr stark rühren. Die Puddingcreme soll schön fluffig bleiben.

4. Her mit den Blümchen-Tarteletts. Sie bekommen zuerst einen dicken Klecks Puddingcreme. Dann kannst du sie mit den Blaubeeren und Himbeeren verzieren. Natürlich kannst du auch andere Beeren verwenden oder tiefgekühlte Blaubeeren oder Erdbeeren oder Apfelscheibchen oder, oder, oder … Probier's einfach aus!

Kasperlschmarrn mit roter Zipfelmützengrütze

1. Für die rote Grütze bringst du Fruchtsaft und Zucker in einem Topf zum Kochen. Die Stärke verrührst du in einer Tasse mit 3–4 EL Wasser und gießt sie unter Rühren in den kochenden Fruchtsaft. Lass das Ganze 2–3 Minuten kochen. Dann kannst du die Früchte vorsichtig hineinplumpsen lassen und die Grütze zum Abkühlen beiseitestellen.

2. Für den köstlichen Kasperlschmarrn musst du zuerst einmal die Eier trennen. Die Eigelbe haust du zusammen mit Mehl, Milch, Salz, Backpulver und Zucker in eine Schüssel. Dann mixt du alles mit den Rührbesen des Handrührgeräts zu einem glatten Teig und lässt ihn 10 Minuten ruhen.

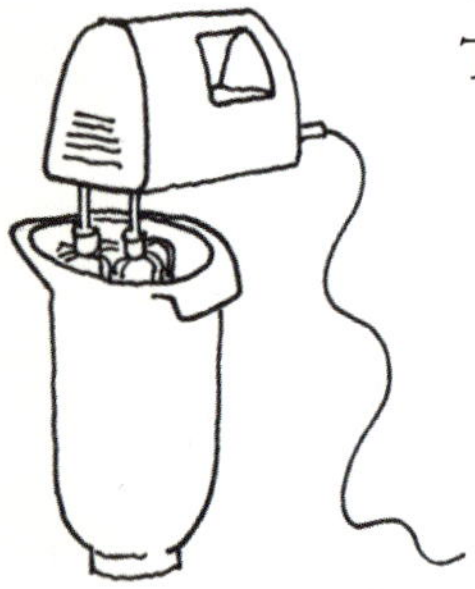

3. Jetzt knöpfst du dir das Eiweiß vor. Schlag es mit dem Handrührgerät zu stabilem Eischnee. Wenn du den Rührbecher verkehrt herum über den Kopf halten kannst, ohne dass das Zeug raustropft, ist er genau richtig. Hebe den Eischnee vorsichtig unter den Teig, damit der schön locker wird.

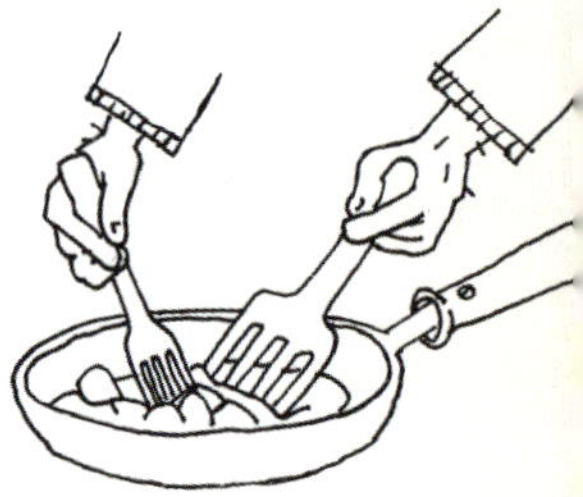

4. Lass 2 EL Butter in einer Pfanne schmelzen. Dann den kompletten Teig dazugeben und bei mittlerer Flamme zu einem superdicken, knusprigen Pfannkuchen backen. Wende ihn und gib die restliche Butter hinzu. Wenn der Pfannkuchen auch auf der Unterseite schön gebräunt ist, kannst du ihn mit einer Gabel und einem Pfannenwender in kleine Stücke reißen.

5. Den Kasperlschmarrn mit Puderzucker beschneien und zusammen mit der Zipfelmützengrütze auftischen.

Du brauchst:

Für die Grütze:
½ l Kirsch- oder schwarzer Johannisbeersaft
4 EL Zucker
3 EL Speisestärke
600 g gemischte Beeren

Für den Schmarn:
4 Eier
125 g Mehl
125 ml Milch
Salz
1 TL Backpulver
40 g Zucker
4 EL Butter

Außerdem:
Puderzucker

30 Min.

Du brauchst für 6 Ganoven:

30 Min.

1 Rolle Blätterteig aus dem Kühlregal
1 Glas Marmelade nach Wahl
1 Ei
1 EL Milch
12 Zuckeraugen

Ganoven hinter Gittern

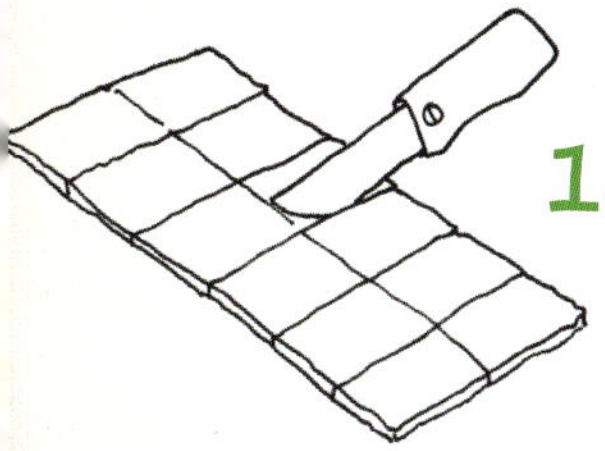

1. Zuerst den Backofen auf 180 °C vorheizen. In der Zwischenzeit kümmerst du dich um den Blätterteig. Roll den Teig aus, halbier ihn einmal der Länge nach und schneide jede Hälfte in 6 Stücke. Macht insgesamt 12 Stücke.

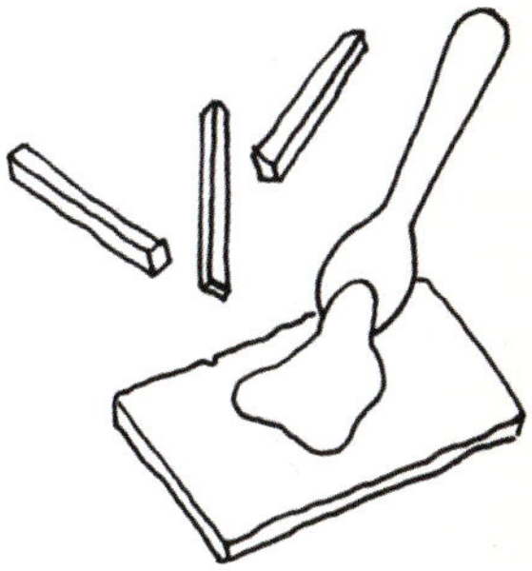

2. Bestreiche 6 Teigstücke mit einem dicken Klecks deiner Lieblingsmarmelade. Aus den anderen 6 Stücken schneidest du dünne Streifen für die Gitterstäbe. Lange Streifen für Dach und Boden des Gefängnisses, kurze für die Gitterstäbe. Die legst du gleichmäßig mit Abstand nebeneinander auf die Marmeladenplatte.

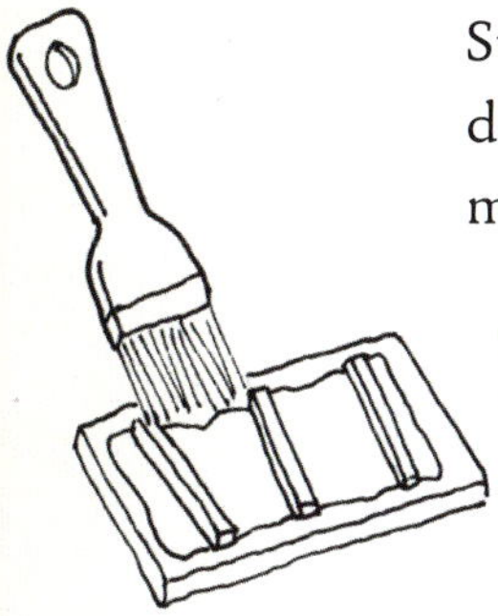

3. Jetzt das Ei mit der Milch verquirlen und die Gitterstäbe damit bestreichen. Dann lässt du noch ein Zuckeraugenpaar zwischen den Stäben durchblicken.

4. Leg die Blätterteigstücke auf ein mit Backpapier belegtes Backblech. Backe die Ganoven im Ofen für etwa 15 Minuten, bis sie goldbraun sind und sich leicht vom Blech heben lassen.

5. Lass die Ganoven 20–30 Minuten abkühlen, bevor du drauflosfutterst, sonst verbrennst du dir an der Füllung die Zunge. Ich spreche aus Erfahrung!

Karamellbonbons – echte Maßarbeit

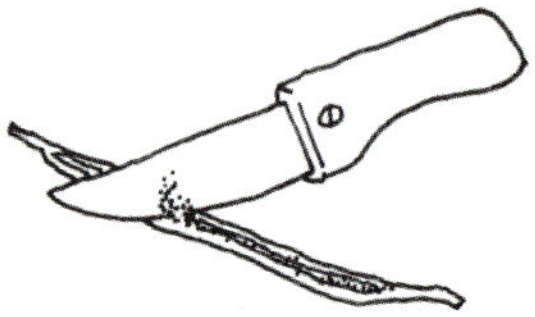

1. Leg eine rechteckige Form (ca. 20 x 25 cm) mit Backpapier aus. Schneide die Vanilleschote der Länge nach auf und kratze mit dem Messer das Mark heraus. Jetzt gibst du Vanillemark, Zucker, Karamellsirup, Butter und Kondensmilch in einen Topf und lässt alles zusammen aufkochen.

2. Schalte die Hitze herunter und lass die Masse ca. 10 Minuten köcheln.

3. Jetzt kannst du den Topf vom Herd nehmen und die gehackte Schokolade einrühren, bis sie komplett geschmolzen ist. Herrlich, das muss unbedingt gekostet werden! Alles klar, fehlt nichts.

4. Schütte die Masse in die Form, lass sie erst einmal etwas abkühlen und stell sie dann für etwa 2 Stunden in den Kühlschrank. Dann kannst du mit einem Messer Bonbonstücke daraus schneiden.

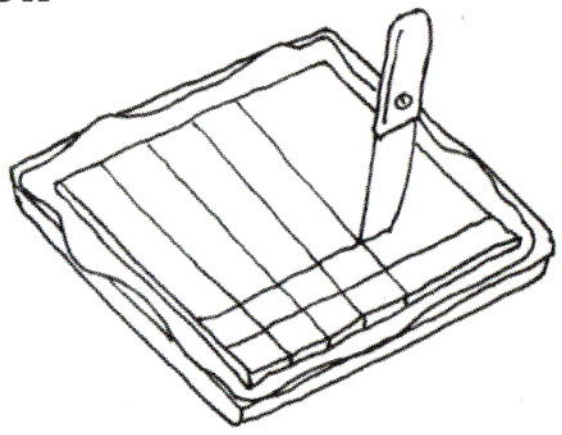

Wenn du die Bonbons verschenken möchtest, kannst du sie einzeln in Backpapier einwickeln. Aber mal unter uns: Wer wäre so verrückt, die herzugeben?

»Die sind alle für mich!«

Du brauchst für 50 Bonbons:

1 Vanilleschote
50 g brauner Zucker
2 EL Karamell-sirup
125 g Butter
1 Dose gezuckerte Kondensmilch
150 g weiße Schokolade, grob gehackt

20 Min.

Du brauchst:

125 g Himbeeren
60 g Zucker
1 TL Vanillezucker
200 ml Sahne
1 EL Zitronensaft
150 g Joghurt

Meine Geheimzutat:
½ TL Rosenwasser

Eisformen
Eisstiele

20 Min.

Eiskalte Belohnung

1. Zück den Pürierstab und mach aus den Himbeeren leckeres Himbeermus. Wenn du willst, kannst du es noch durch ein feines Sieb streichen, dann sind die kleinen Kerne raus.

2. Bring 100 ml Wasser zusammen mit Zucker, Vanillezucker, Zitronensaft und meiner Geheimzutat, dem Rosenwasser, zum Kochen. Dabei immer schön umrühren. Nimm den Topf vom Herd und rühr so lange weiter, bis sich der Zucker vollständig aufgelöst hat.

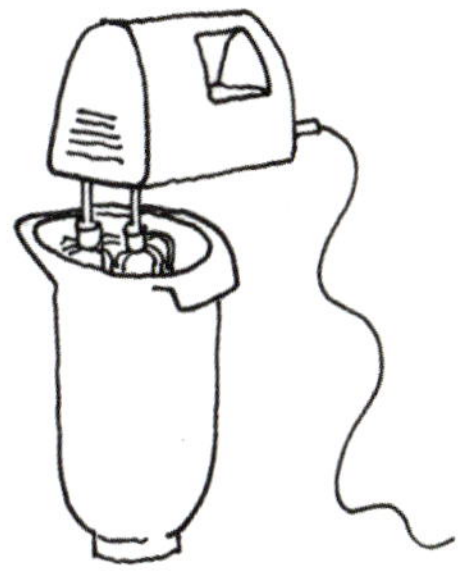

3. Dann vermischst du das Himbeermus mit dem Zuckersirup und lässt es für 1 Stunde im Kühlschrank abkühlen.

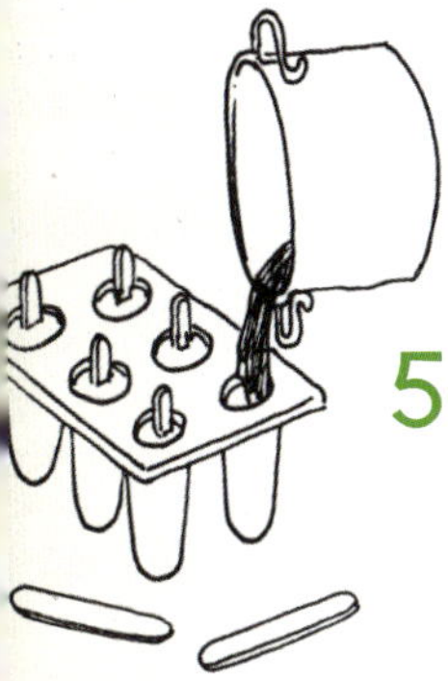

4. Schlag die Sahne halbsteif und misch sie zusammen mit dem Joghurt mit einem Schneebesen unter die Fruchtmasse.

5. Gieß die Masse in die Eisformen, Stiele rein und ab ins Gefrierfach. Falls du keine Eisförmchen besitzt, kannst du die Eismasse auch in leere, sauber gespülte Joghurtbecher füllen und einen Eisstiel hineinstecken.

Hotzenplotz-Torte

1. Den Backofen heizt du auf 180 °C vor und legst ein Backblech mit Backpapier aus.

2. Rühr Butter und Zucker mit dem Handrührgerät schaumig. Füg nach und nach die Eier hinzu. Vermisch das Mehl mit dem Backpulver und gib es löffelweise in den Teig. Dann streichst du die Masse schön gleichmäßig auf das Backblech. Ab damit in den Ofen, und zwar für 30 Minuten. Rausnehmen und etwas abkühlen lassen.

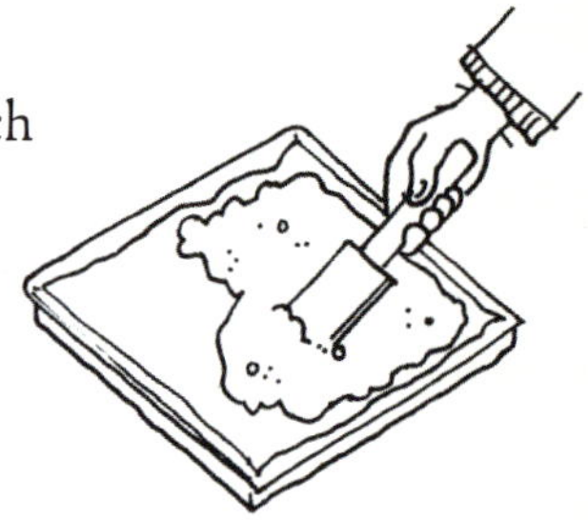

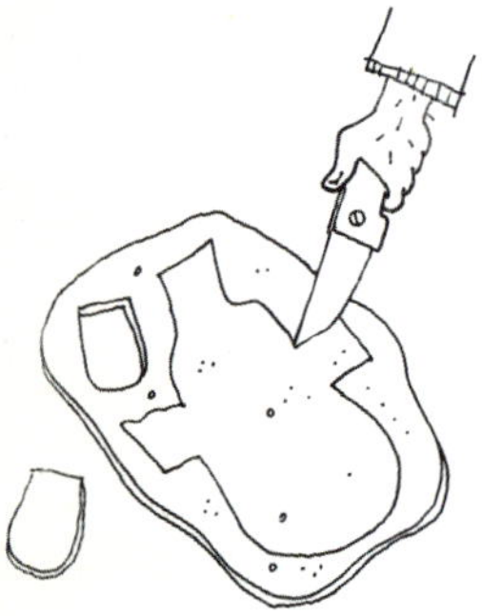

3. Schneide aus dem Blechkuchen den Umriss meines Kopfs mitsamt Räuberhut aus. Aus einem der großen Teigstücke, die dabei übrig bleiben, schneidest du die Nase heraus. Den Rest vom Teig kannst du als kleine Stärkung schon mal aufessen. Aber nicht aus Versehen meine Nase wegfuttern!

4. Schmilz die Kouvertüre und male mir damit einen braunen Bart. Auf den Bart streust du die Schokostreusel, damit das Ganze auch echt aussieht. Die Hutkrempe wird ebenfalls mit Schokolade bestrichen und auch die Spitze vom Räuberhut. Ein Klecks Schokolade kommt auf die Rückseite der Nase, dann setzt du sie auf das Gesicht. Auf die Nase tupfst du noch ein paar kleine Schokopunkte, zum Beispiel mit einem Zahnstocher, und auf die Marshmallows malst du mit einem Backpinsel Schoko-Pupillen auf.

5. Jetzt kommt das rote Hutband an die Reihe: Verrühr das Eiweiß mit dem Puderzucker zu einem cremigen Zuckerguss und färb die Mischung mit roter Lebensmittelfarbe ein. Damit pinselst du einen breiten Streifen auf den Hut. Fertig!

»So wahr ich Räuber Hotzenplotz heiße, das ist ein wahres Meisterwerk!«

Du brauchst:

60 Min.

150 g weiche Butter
250 g Zucker
4 Eier
250 g Mehl
1 Päckchen Backpulver

Außerdem:
100 g Vollmilchkuvertüre
100 g Schokoladenstreusel

2 Marshmallows
1 Eiweiß
125 g Puderzucker
Lebensmittelfarbe in Rot

Eine schöne Räuberfeder

Du brauchst für 10 Brötchen:

Eine Portion Hefeteig (süß) nach Grundrezept S. 29

Außerdem:
1 Eigelb

30 Min.

Meine Geheimzutat:
4 EL gehackte Mandeln

Echte Goldstücke

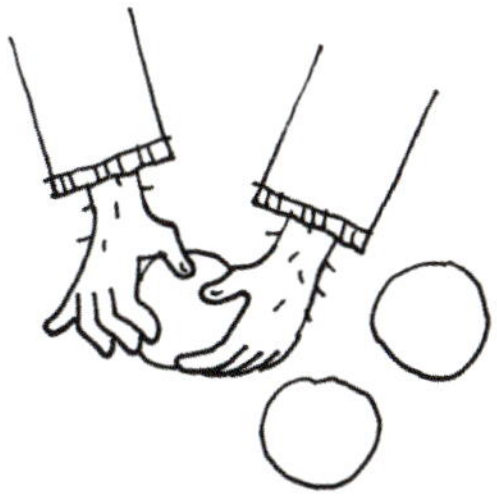

1. Knete als Erstes meine Geheimzutat, die gehackten Mandeln, unter den Hefeteig. Die geben deinen süßen Sonntagsbrötchen einen Extra-Knack!

2. Wirf den Backofen an und heiz ihn auf 180 °C vor. Teile den Teig in 10 gleich große Portionen und forme Brötchen daraus.

3. Die Brötchen platzierst du auf ein mit Backpapier ausgelegtes Backblech und lässt sie 20 Minuten ruhen. Schneide jedes Brötchen mit einem scharfen Messer kreuzförmig in der Mitte ein.

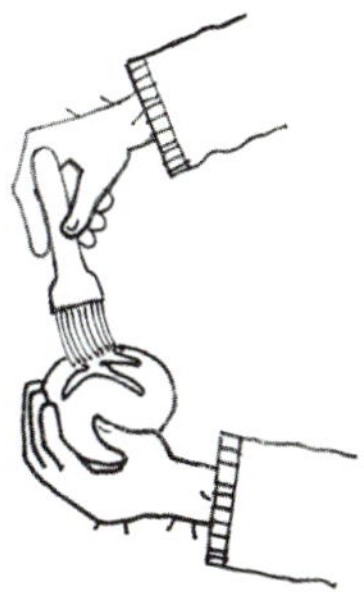

4. Zuletzt bepinselst du sie noch mit Eigelb, streust ein paar gehackte Mandeln darüber und schon sind sie bereit für den Backofen. Reinschieben und in 15 Minuten goldgelb backen. Wie das duftet! Da wird der Räuber in der Pfanne verrückt!

Picknick im Räuberwald

Du brauchst:

Eine Portion Hefeteig (herzhaft) nach Grundrezept S. 28

Außerdem:
8 angespitzte Holzstöcke

15 Min.

4 Räubertricks für perfektes Stockbrot:

Wickelweltmeister: Der Profi wickelt den Stockbrotteig so auf, dass die Stockspitze bedeckt ist. So fängt der Stock beim Grillen kein Feuer!

Nicht zu dicke! Auch wenn die Versuchung groß ist – achte darauf, den Teig nicht zu dick um den Stock zu wickeln, damit das Brot gleichmäßig gart. Dann ist dein Brot auch schneller fertig!

Mehl-Trick: Damit du das fertige Stockbrot später gut vom Stock lösen kannst, bestäubst du die Stöcke vor dem Umwickeln einfach mit etwas Mehl.

Gute Nacht: Den Stockbrotteig kannst du gut vorbereiten und einfach über Nacht im Kühlschrank gehen lassen.

Leckeres Stockbrot – gut gewickelt ist halb gewonnen

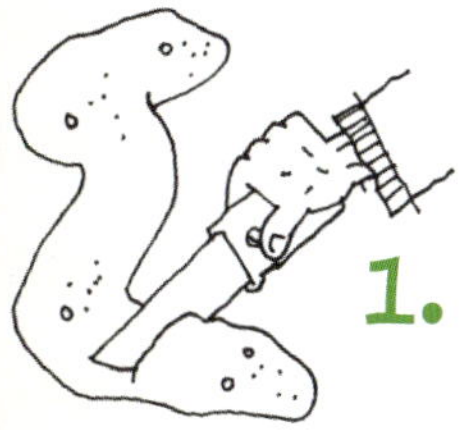

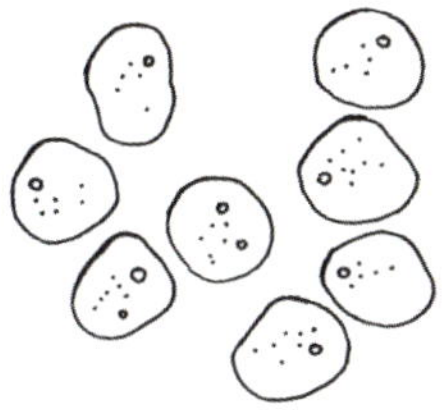

1. Knete den Teig auf einer leicht bemehlten Arbeitsfläche gut durch, roll ihn zu einer dicken Wurst und teile ihn in 8 gleich große Stücke.

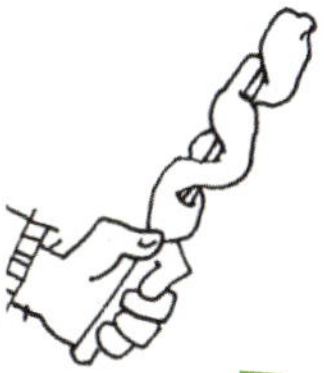

2. Jetzt formst du aus jedem Teigstück eine dünne Rolle und wickelst sie schön eng um deinen Holzstock. Den Teig feste andrücken, damit er nicht runterrutscht.

3. Los geht's! Back dein Stockbrot am Lagerfeuer oder auf dem Grillrost unter häufigem Drehen und Wenden für 10–15 Minuten. Über dem offenen Feuer geht es besonders schnell, also behalte die Dinger gut im Auge, damit der Teig nicht verbrennt!

Glutkartoffeln

1. Die Kartoffeln waschen, nicht schälen, sondern nur mit einer Gemüsebürste abbürsten. Damit es später am Lagerfeuer fix geht, kannst du sie zu Hause schon 15 Minuten vorkochen und abkühlen lassen.

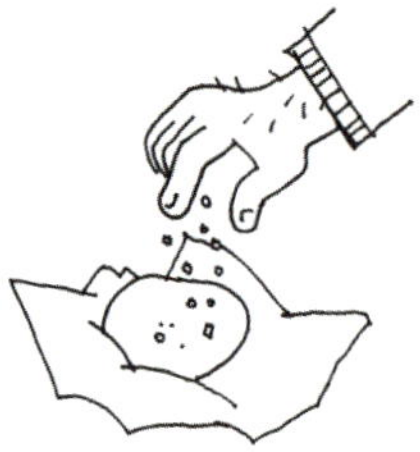

2. Leg die Kartoffeln einzeln auf ein Stück Alufolie und gib 1 TL Butter, Salz und Pfeffer auf die Kartoffel. Wenn du magst, zupf einzelne Nadeln vom Rosmarin ab und leg sie zu der Kartoffel in die Folie. Dann wickelst du die Kartoffel fest in die Alufolie ein.

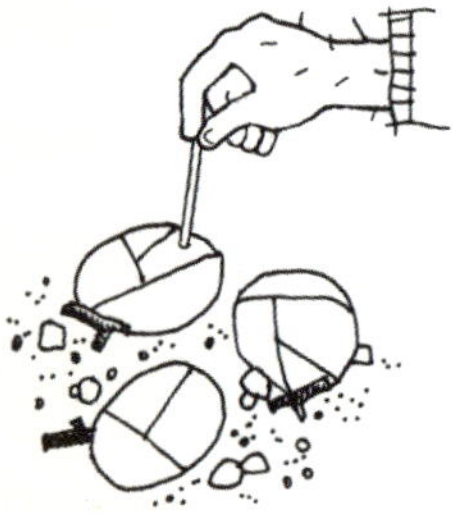

3. Ab mit den Kartoffeln für 40–60 Minuten in die Glut des Lagerfeuers. Wenn du denkst, dass deine Kartoffeln gar sind, pikst du mit einem Holzstäbchen (zum Beispiel einem Schaschlikspieß) hinein. Ist die Kartoffel weich und bleibt nicht am Spieß hängen, ist sie gar und du kannst sie aus der Glut holen. Achtung, heißßß…!

4. Fehlt nur noch der Dip. Dafür den Schnittlauch waschen und in feine Röllchen schneiden. Den Quark mit der Milch glatt rühren und mit Salz und Pfeffer abschmecken. Die Schnittlauchröllchen unter den Quark rühren.

Wenn du die Alufolie öffnest und die Kartoffel der Länge nach aufschneidest, kannst du den Kräuterquark obendrauf geben und die Kartoffel auslöffeln. Besonders köstlich schmeckt's mit meiner Geheimzutat, geröstetem Sesam obendrauf. Probier's mal aus!

»Geht auch ohne Lagerfeuer: Schieb die vorgekochten Kartoffeln für 40 Minuten bei 200 °C in den Backofen.«

Du brauchst:

4 große Kartoffeln
4 TL Butter
Salz
Pfeffer
4 Zweige Rosmarin

Dip:
½ Bund Schnittlauch
250 g Quark (20% Fett)
4 EL Milch
Salz
Pfeffer

Meine Geheimzutat:
1 TL Sesam geröstet

Alufolie
Holzstäbchen

20 Min.

Du brauchst:

4 Bananen
100 g Vollmilch-schokolade

10 Min.

Lagerfeuer-Nachtisch

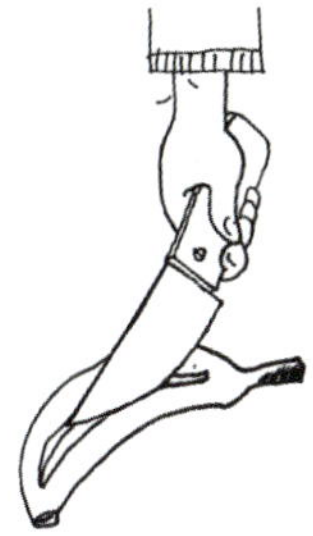

1. Die ungeschälten Bananen schneidest du der Länge nach ein. Achte darauf, dass du die Banane nicht durchschneidest.

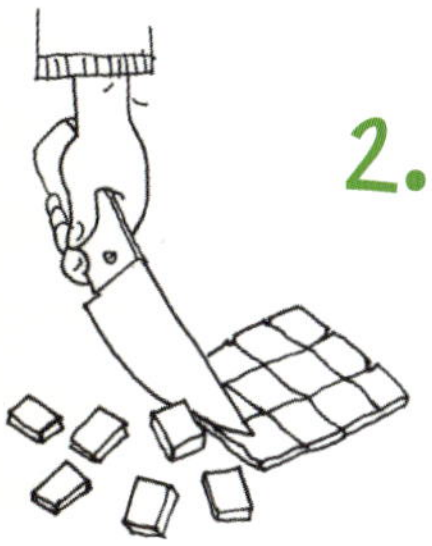

2. Jetzt die Schokolade in kleine Stücke brechen und in den Schlitz stecken.

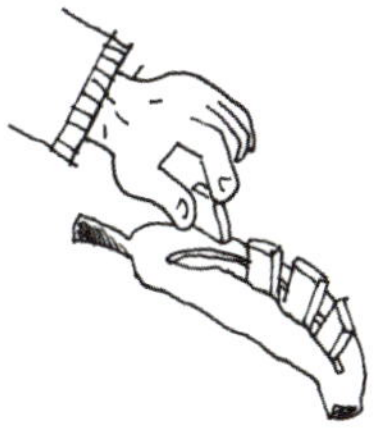

3. Die Bananen legst du entweder auf einen Grillrost oder ganz an den Rand des Lagerfeuers, in die heiße Asche. Dort lässt du sie für 5–7 Minuten garen, bis die Schokolade geschmolzen ist. Nicht wundern, die Bananenschale färbt sich fast schwarz. Das ist normal und schadet dem Geschmack nicht. Jetzt runter vom Feuer und losgelöffelt!

Verräterisch knackende Gemüsechips

1. Zuerst den Backofen auf 170 °C vorheizen. Der Rest ist ruckzuck gemacht.

2. Schnapp dir das Gemüse und schäle es. Bis auf die Zucchini, da darf die Schale dranbleiben. Dann schneidest du alles mit einem Hobel in dünne Scheiben. Je dünner du die Scheiben machst, umso knuspriger werden deine Chips. Aber Vorsicht: dünne Scheiben verbrennen auch schneller!

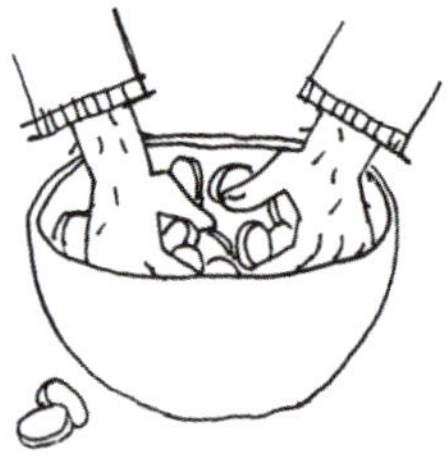

3. Die gehobelten Scheiben mit Salz, Pfeffer und Olivenöl in einer Schüssel ordentlich mischen. Leg zwei Backbleche mit Backpapier aus und verteile die Gemüsescheiben einzeln mit Abstand zueinander darauf.

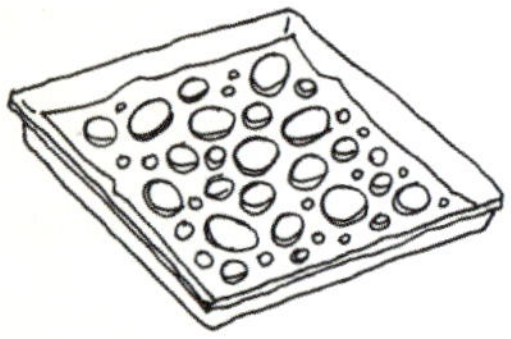

4. Hinein damit in den heißen Ofen für 40–50 Minuten. Öffne die Ofentür alle 10 Minuten, damit die Feuchtigkeit entwischen kann.

5. Anschließend kannst du die Gemüsechips herausnehmen und auskühlen lassen, nochmals mit Salz und Pfeffer würzen und am besten ganz frisch knuspern! Du kannst sie auch aufbewahren, allerdings unbedingt luftdicht, da sie sonst weich werden. Aber ich glaub eh nicht, dass da was übrig bleibt, wenn du die mal gekostet hast.

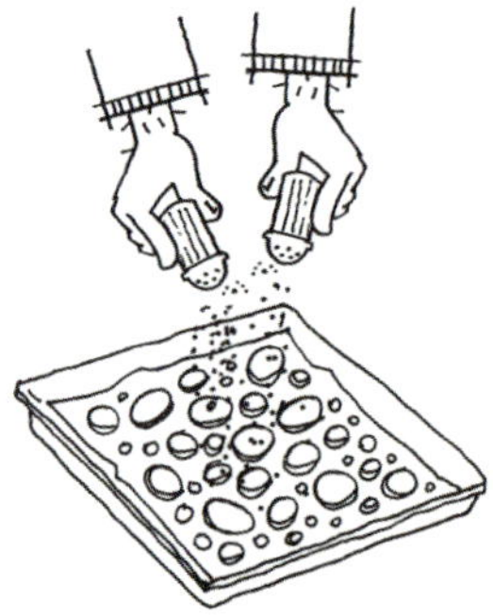

Für 2 hungrige Räuber reichen:

1 Süßkartoffel
1 Pastinake
1 Rote Bete
1 Zucchini
Salz
Pfeffer
2 EL Olivenöl

25 Min.

Du brauchst für 6 Waffeln:

600 g Zucchini
2 TL Salz
250 g Möhren
100 g Lauch-zwiebeln
3 Eier
½ TL Pfeffer
150 g Dinkelmehl
1 TL Backpulver
2 gepresste Knoblauchzehen
Butter

45 Min.

Meine Geheimzutat:
150 g geriebener Gouda

Wastis
Waff!-Waff!-Waffeln

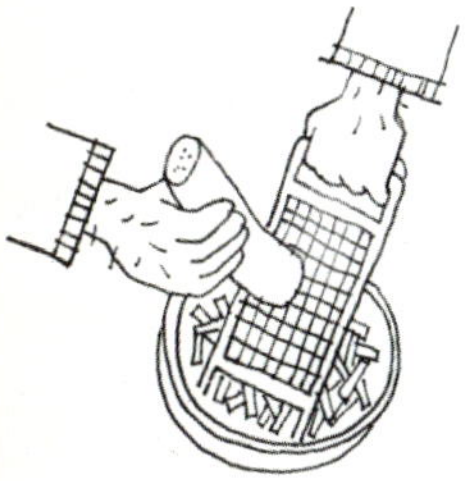

1. Bevor das Waffeleisen losglüht, musst du die Zucchini mit einer Gemüsereibe in feine Stücke raspeln. Gib 1 TL Salz hinzu, verrühr alles gut und lass die Zucchiniraspel ca. 15 Minuten ziehen.

2. Derweil die Möhren schälen und in eine weitere Schüssel raspeln.

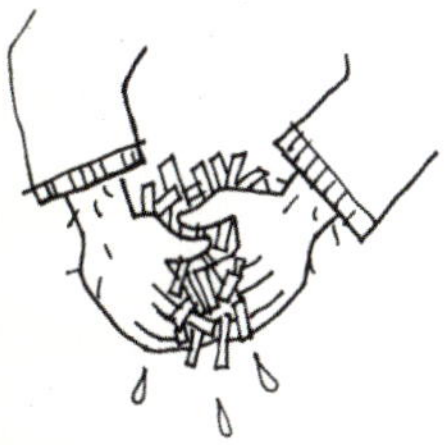

3. Drück das Wasser mit den Händen aus den Zucchiniraspeln heraus und vermeng sie mit den Möhren. Dann schneidest du Lauchzwiebeln in sehr feine Ringe und stellst sie zur Seite.

4. Schlag Eier und Pfeffer mit dem Handrührgerät für ca. 2 Minuten schaumig. Misch Mehl und Backpulver und rühr es unter die Eimasse. Jetzt kannst du Lauchzwiebeln, Knoblauch, Zucchini- und Möhrenraspeln dazugeben und alles mit den Händen vermengen. Besonders delikat und goldbraun werden die Waffeln mit meiner Geheimzutat, dem Gouda.

5. Heiz das Waffeleisen auf und pinsele es mit der Butter ein. Back darin portionsweise jede Waffel ca. 4 Minuten goldgelb.

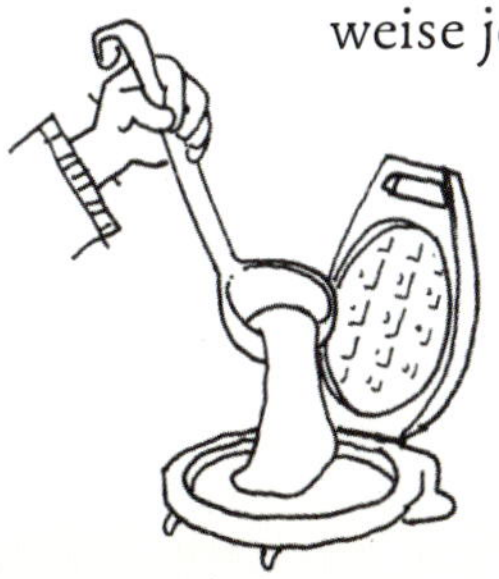

Räuberriegel – Proviant für lange Waldausflüge

1. Zuerst mischst du Flocken, Samen, Nüsse und die Prise Salz in einer Schüssel. Die Butter lässt du in einem Topf auf dem Herd bei niedriger Flamme schmelzen und gibst sie gemeinsam mit dem Honig über die trockenen Zutaten. Ärmel hochkrempeln und alles einmal gut durchkneten.

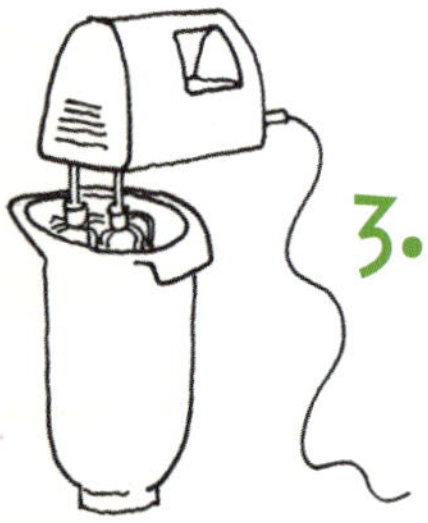

2. Schlage das Eiweiß mit dem Handrührgerät steif und gib es unter die Masse. Anschließend heizt du den Backofen auf 170 °C vor.

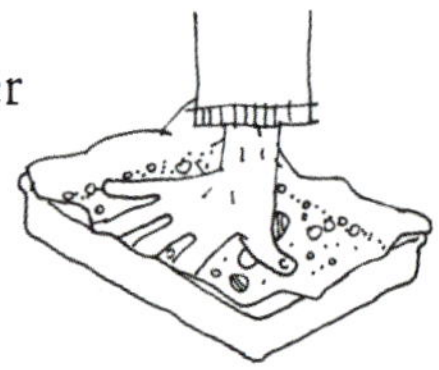

3. Die Masse verteilst du in einer Auflaufform, die du vorher mit Backpapier ausgelegt hast, und drückst sie mit den Händen schön glatt.

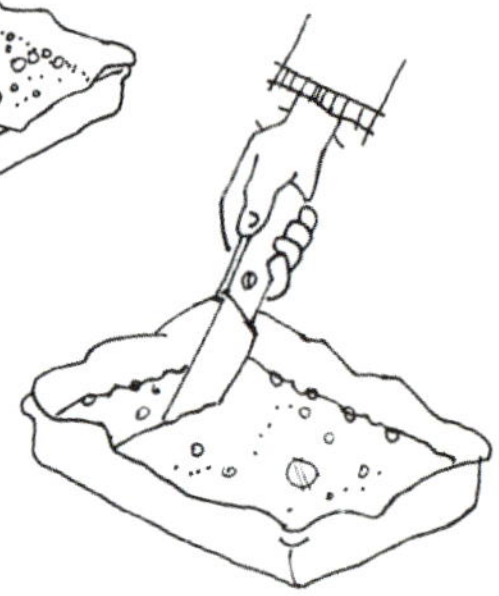

4. Dann wird der Knusperteig ca. 15–20 Minuten goldgelb gebacken. Zücke dein Messer und schneide die Masse sofort nach dem Backen in Riegel.

5. Lass die Riegel ganz auskühlen, bevor du sie aus der Form nimmst, damit sie richtig fest werden. Mit diesem Proviant kannst du dich überall stundenlang ohne Magenknurren auf die Lauer legen.

Du brauchst:

45 Min.

- 300 g Flocken und Samen gemischt (Haferflocken, Dinkelflocken, Buchweizen, Leinsamen, Chia) oder einfach deine fertige Lieblings-Müslimischung
- 60 g gehackte Nüsse deiner Wahl
- 1 Prise Salz
- 100 g Butter
- 100 g Honig
- 2 Eiweiß

Auflaufform (ca. 20 x 25 cm)

Du brauchst für 8 PORTIONEN:

Eine Portion Hefeteig (süß) nach Grundrezept S. 29
100 g Butter
2 TL Zimt
100 g brauner Zucker

Für den Guss:
100 g Puderzucker
1 EL Milch

40 Min.

Meine Geheimzutat:
8 Holzstiele, selbst geschnitzt mit dem Räubermesser

Zimtwickel am Räuberspieß

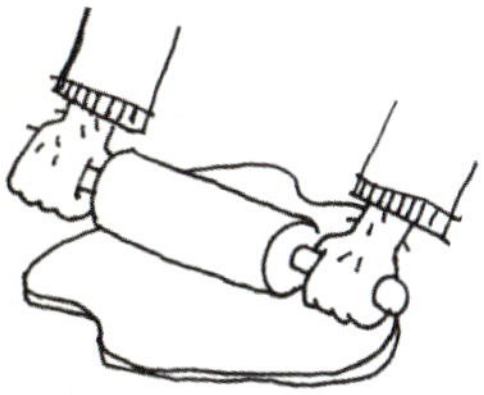

1. Knete den Hefeteig durch und roll ihn auf einer bemehlten Arbeitsfläche zu einem ca. 50 x 50 Zentimeter großen Quadrat aus.

2. Jetzt schlägst du Butter und Zimt mit den Rührbesen des Handrührgeräts schaumig.

3. Ab hier läuft es wie geschmiert: Bestreiche die Teigplatte mit der Zimt-Butter-Mischung und verteile den braunen Zucker gleichmäßig darüber. Aus der Platte rollst du eine schöne dicke Wurst und schneidest diese dann in 8 Scheiben.

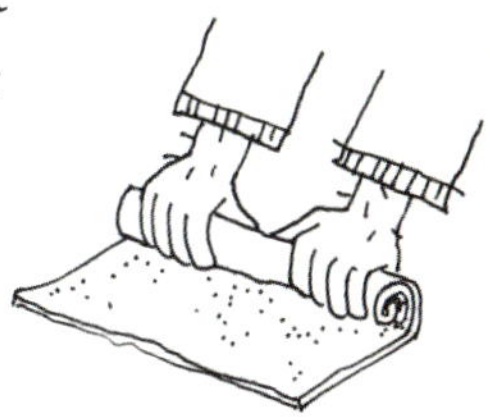

4. Rauf mit den Scheiben auf das Backblech. Und jetzt kommt's: In jeden Zimtwickel steckst du seitlich einen Holzstiel. Jetzt brauchst du noch mal 20 Minuten Geduld, damit der Teig gehen kann.

5. Solange kannst du schon einmal den Ofen auf 175 °C vorheizen und ein Backblech mit Backpapier auslegen. Danach kommen die Wickel am Spieß in den Ofen und werden in ca. 15–20 Minuten goldbraun gebacken. Anschließend raus damit und abkühlen lassen.

6. Zum Schluss kommt eine Ladung aus der Zuckerpistole. Verrühr den Puderzucker mit 1 EL Milch und bepinsle die Zimtwickel damit.

Frau Schlotterbecks Knusper-Zigarren

1. Wirf den Backofen an und heiz ihn auf 180 °C vor. Schnapp dir eine Blätterteigrolle und leg sie auf Backpapier aus. Bestreich sie mit Pesto, krümle den Gouda darüber und würze mit Pfeffer und Salz gut nach.

2. Die zweite Rolle Blätterteig legst du auf die erste Platte. Drück die beiden Platten gut aufeinander.

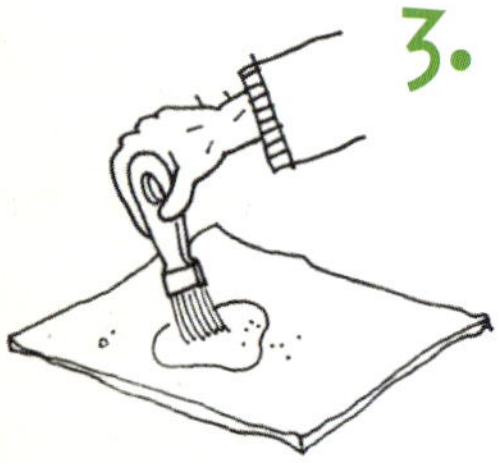

3. Jetzt die Doppeldecker-Platte dünn mit verquirltem Ei einpinseln. Verteile großzügig Sesam und Mohn darauf und drück die Körner leicht an.

4. Schneid den Blätterteig mit einem scharfen Räubermesser in 10 Streifen. Leg ein Backblech mit Backpapier aus. Verdreh die einzelnen Streifen ineinander zu Zigarren und leg sie mit Abstand zueinander auf das Blech.

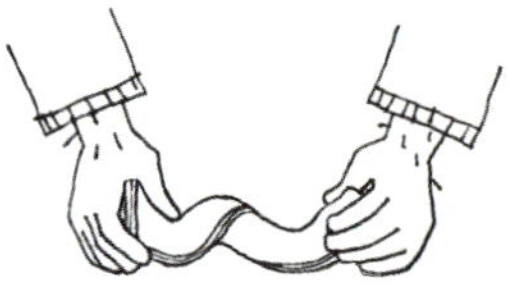

5. Schieb sie für 20 Minuten in den Backofen und lass sie anschließend gut abkühlen. Dann kannst du genüsslich losknuspern!

Du brauchst für 10 Zigarren:

2 Rollen Blätterteig je 270 g
150 g geriebener Gouda
Salz und Pfeffer
1 Ei verquirlt
Nach Wahl: Körner, Gewürze, Mohn, Sesam

Meine Geheimzutat:
3 EL rotes Pesto

30 Min.

Du brauchst für 8 Käsefüße:

Eine Portion Hefeteig (herzhaft) nach Grundrezept S. 28
400 g passierte Tomaten
2 TL Pizzagewürz
30 g roher Schinken (gewürfelt)
200 g Kirschtomaten (halbiert)
200 g Pizzakäse

Meine Geheimzutat:
3 EL Mandeln gehobelt

35 Min.

Räuber-Käsefüße

1. Lass den Backofen schon mal auf 200 °C vorglühen, denn der Rest geht ganz fix!

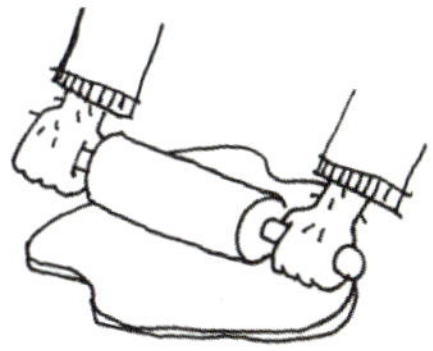

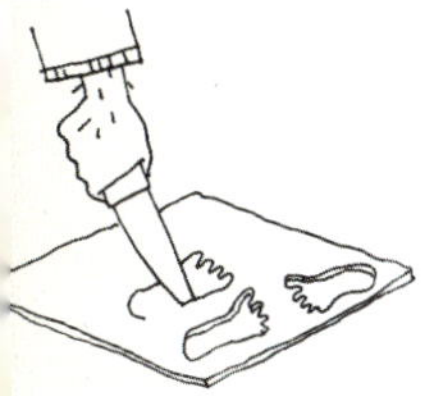

2. Roll den Hefeteig auf einer bemehlten Arbeitsfläche dünn aus. Schneide daraus mit einem scharfen Messer etwa 8 größere Füße aus. Dafür zeichnest du am besten einen ca. 15 cm langen Fuß auf Papier, schneidest ihn aus und verwendest ihn als Schablone. Natürlich kannst du auch einfach deinen eigenen Fuß auf ein Blatt Papier legen und umranden!

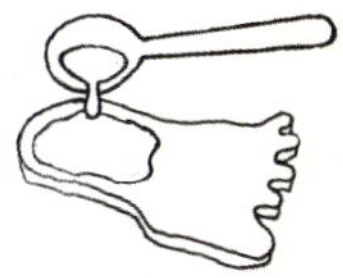

3. Die Räuberfüße wandern auf zwei mit Backpapier belegte Bleche. Schmecke die passierten Tomaten mit Pizzagewürz ab und bestreiche die Füße großzügig damit.

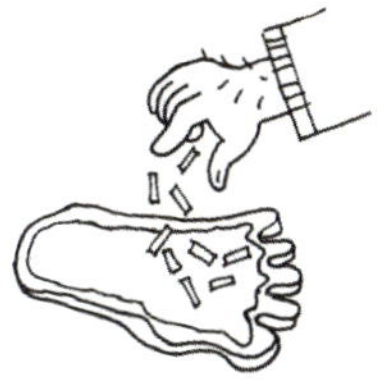

4. Dann kannst du die Füße nach Belieben mit Schinken und Kirschtomaten belegen und mit Käse bestreuen. Damit das Ganze richtig echt aussieht, kommt jetzt meine Geheimzutat dazu: Gehobelte Mandeln als Fußnägel!

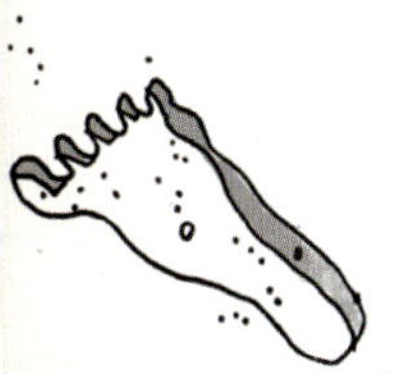

5. Ab damit für 15–20 Minuten in den Backofen, bis sie schön knusprig sind und stinkig duften! Etwas abgekühlt können sie dann direkt in deinen Mund marschieren.

Pistolenkugeln mit Tunke

1. Für die Pistolenkugeln schälst du zunächst Zwiebeln und Möhren und schneidest sie sehr fein.

2. Jetzt 1 EL Butter in einer Pfanne erhitzen und die Zwiebeln mit den Möhren darin dünsten. Die Linsen gibst du in ein Töpfchen mit kochendem Wasser und garst sie für ca. 25 Minuten. Dann schüttest du das Wasser durch ein Sieb ab und lässt die Linsen abkühlen. Ungeduldige Räuber brausen sie mit kaltem Wasser ab, damit es schneller geht.

3. Dann gibst du Linsen, Haferflocken, Möhren und Zwiebeln in eine Schüssel und zerkleinerst sie grob mit einem Pürierstab. Die restlichen Zutaten bis auf das Mehl und das Öl daruntermischen und mit Salz und Pfeffer abschmecken.

4. Lass die Masse 30 Minuten ziehen und forme anschließend kleine Pistolenkugeln daraus. Gib 5 EL Mehl auf einen Teller, wälz die Kugeln darin und brate sie in Olivenöl schön knusprig an, von allen Seiten 2 Minuten.

5. Für den Dip schälst du den Knoblauch, drückst ihn durch eine Knoblauchpresse und verrührst ihn in einem Schälchen mit Mayonnaise und Zitronensaft. Zum Schluss schmeckst du den Dip noch mit Salz und Pfeffer ab.
Und dann: Zwölf Salutschüsse für die erfolgreiche Kocherei!

Du brauchst für 25 Pistolenkugeln:

1 rote Zwiebel
2 Möhren
1 EL Butter
150 g Berglinsen
120 g Haferflocken
Salz
2 TL Pfeffer
1 EL Paprikapulver edelsüß
1 EL Senf
5 EL Mehl
2 EL Olivenöl

Für den Dip:

2 Knoblauchzehen
170 g Mayonnaise
1 TL Zitronensaft
Salz
Pfeffer

50 Min.

#1
FREUND

Alles für eine echte Räuberfeier

Du brauchst:

1 rote Paprika
3 Zwiebeln
2 Knoblauchzehen
2 EL Öl
500 g Rinderhackfleisch
2 EL Tomatenmark
½ l Gemüsebrühe
500 g Kidneybohnen (Dose)
300 g Mais (Dose)
400 g stückige Tomaten (Dose)
½ TL Chilipulver
1 TL gemahlener Kreuzkümmel
Salz
Pfeffer

Meine Geheimzutat:
50 g dunkle Schokolade klein gehackt

25 Min.

Scharfe Räuberkanone

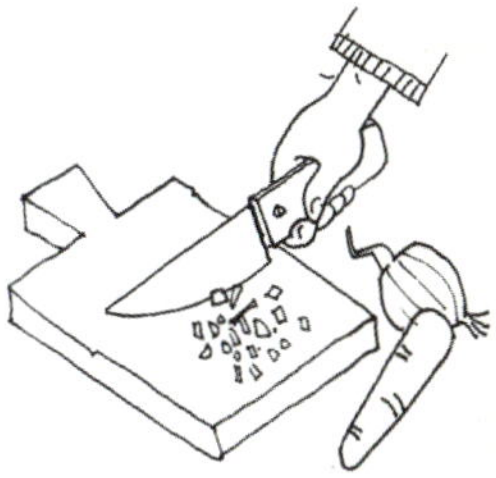

1. Zuerst schnippelst du das Gemüse kurz und klein. Die Paprika putzen und fein würfeln. Zwiebeln schälen und ebenfalls in feine Würfel schneiden. Knoblauch schälen und pressen.

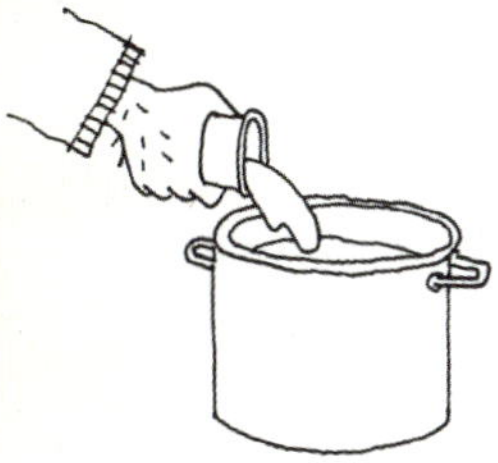

2. Erhitze Öl in einem großen Topf und brate das Fleisch bei großer Flamme für etwa 5 Minuten scharf an. Gib das Tomatenmark dazu und lass alles für 2 Minuten weiterbraten, dann kommt das geschnippelte Gemüse dazu. Nach weiteren 5 Minuten löschst du das Ganze mit Gemüsebrühe ab, dass es nur so zischt!

3. Lass Bohnen und Mais abtropfen und wirf sie zusammen mit Tomaten, Chilipulver, Kreuzkümmel und meiner Geheimzutat, der dunklen Schokolade, zum Fleisch.

4. Bring den Räubertopf zum Kochen und lass ihn abgedeckt mindestens 1 Stunde bei niedriger Flamme weiterkochen. Dabei rührst du gelegentlich um.

5. Am besten schmeckt die Räuberkanone, wenn du sie abkühlen und über Nacht durchziehen lässt. Dann kannst du sie über dem Lagerfeuer erhitzen, mit Salz und Pfeffer abschmecken und kräftig zulangen!

»Du liebe Güte, ist das scharf!«

Du brauchst für 8 Halunken:

Eine Portion Hefeteig (herzhaft) nach Grundrezept S. 28

30 Min.

Für die Deko:

Rosinen, Mandelstifte, Mandeln, Kürbiskerne, Cashews, Haselnüsse

1 Eigelb

1 EL Milch

Wilde Kerle, Schurken und Halunken

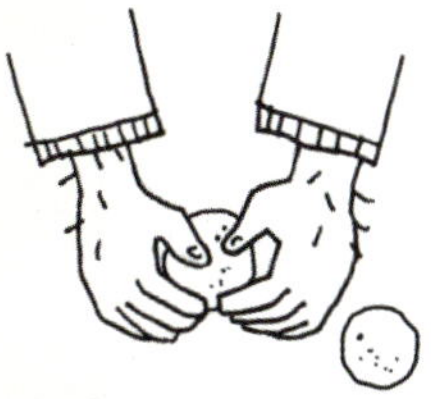

1. Schnapp dir den Hefeteig und zupfe Stücke davon ab, die ungefähr so groß sind wie ein dicker Räuberzeh. Aus jedem Stück formst du eine schöne runde Kugel und drückst sie platt.

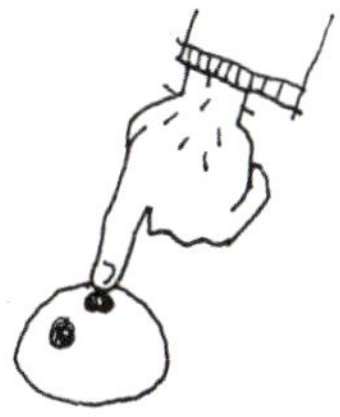

2. Ab hier kannst du deiner Fantasie freien Lauf lassen. Für die Augen kannst du prima Rosinen oder Nüsse, für die Zähne ein paar Mandelstifte verwenden. Haare und Bärte kannst du nach Lust und Laune ebenfalls aus Hefeteig andrücken.

3. Lass den Backofen auf 180 °C vorglühen und leg ein Backblech mit Backpapier aus. In einer Schüssel vermischst du ein Eigelb mit 1 EL Milch.

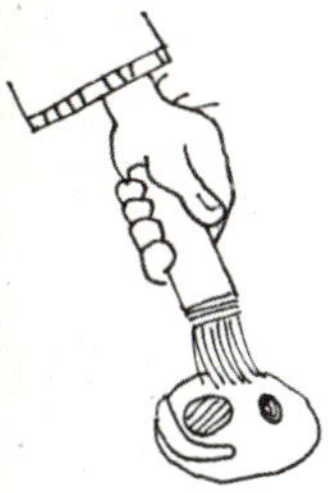

4. Alle wilden Kerle, Schurken und Halunken bekommen jetzt noch mit dem Pinsel eine Ladung Eigelb ins Gesicht. Lass sie dann für ca. 15 Minuten im Backofen goldgelb backen. Danach kannst du sie herausnehmen, abkühlen lassen und auffuttern.

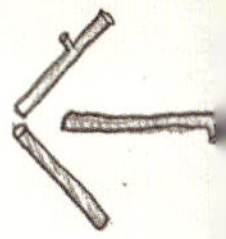

Schatzkiste

1. Den Ofen heizt du auf 180 °C vor und legst die Kuchenform mit Backpapier aus.

2. Zucker, Vanillezucker und weiche Butter schlägst du mit den Rührbesen des Handrührgeräts schaumig. Nacheinander kommen Eier, gemahlene Haselnüsse und das mit Backpulver vermischte Mehl dazu.

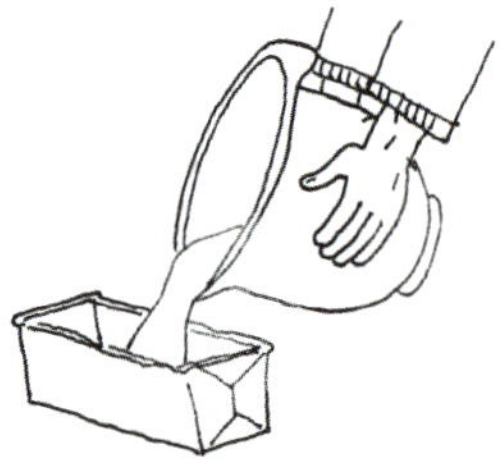

3. Dann ab in die Kastenform mit dem Teig. Lass den Kuchen 60 Minuten im Backofen backen. Anschließend nimmst du ihn aus der Form und lässt ihn abkühlen.

4. Schneide den Kuchen im oberen Drittel mit einem Messer durch. Dann lässt du die Kuvertüre schmelzen und pinselst beide Kuchenhälften gründlich damit ein. Lass die Schokolade fest werden.

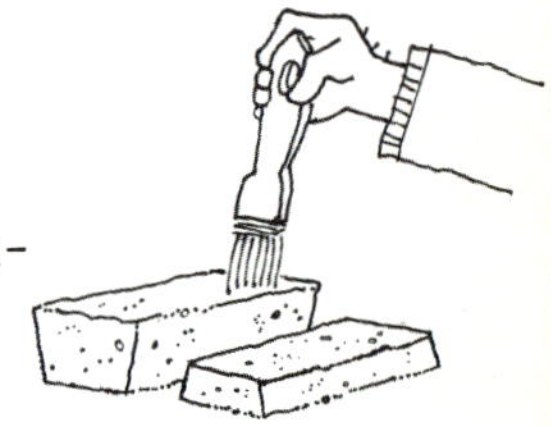

5. Schnapp dir das Marzipan und roll es zu einem ca. 10 x 30 cm langen Streifen aus. Schneide zwei 3 x 30 cm lange Streifen daraus. Mit einem Strohhalm kannst du Löcher in die Streifen drücken. Aus dem Rest schneidest du ein Schloss. Das Foto hilft dir als Vorlage.

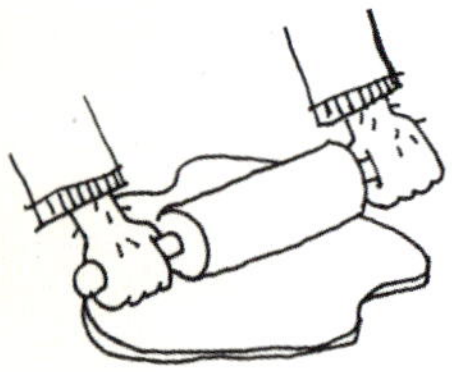

6. Jetzt kannst du die Schatzkiste zusammenbauen. Zuerst kommt die untere Hälfte. Leg Schokoladenmünzen auf die vordere lange Kuchenseite. Dann kommt die obere Kuchenhälfte darüber.

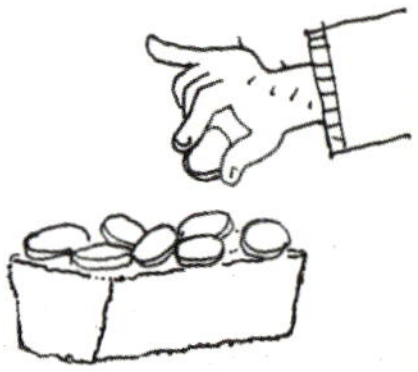

7. Zum Schluss befestigst du noch die Marzipanstreifen und das Schloss an Ort und Stelle, indem du die Rückseite mit einem Hauch von Wasser bestreichst. Jetzt ist die Schatzkiste fertig! Fette Beute, oder?

Du brauchst für eine Kastenform (30 cm):

90 Min.

200 g Zucker
1 Päckchen Vanillezucker
250 g Butter
4 Eier
250 g Haselnüsse gemahlen
250 g Mehl
1 Päckchen Backpulver

Für die Deko:

200 g Vollmilchkuvertüre
200 g Marzipanrohmasse
Schokoladenmünzen
Strohhalm

Knallpilz-Muffins

1. Heiz den Backofen auf 175 °C vor und leg eine Muffinform mit Papierbackförmchen aus. Wer keine Muffinform hat, kann einfach jeweils zwei Papierbackförmchen ineinanderstecken.

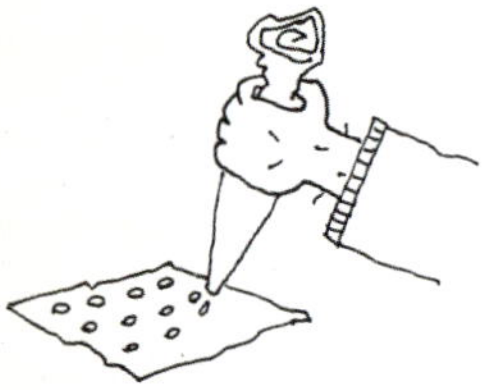

2. Lass die weiße Schokolade schmelzen. Dann füllst du sie in eine Spritztüte mit feiner Lochtülle und spritzt damit kleine Schokoladenpunkte auf ein Stück Backpapier. Wenn du keine Spritztüte hast, kannst du eine kleine Plastiktüte verwenden, von der du eine winzige Ecke abschneidest. Lass die Punkte schön fest werden. Und nicht gleich alle wegnaschen!

3. Als Nächstes schlägst du Butter, Salz und Zucker in einer Schüssel mit den Rührbesen des Handrührgeräts schön cremig. Dann kommen die Eier und der Joghurt dazu. Immer schön weiterrühren! Vermische Mehl mit Backpulver und rühre es auch unter.

4. Jetzt verteilst du den Teig mithilfe von 2 Esslöffeln auf die Papierbackförmchen. Schieb die Form auf einem Rost in den Backofen und lass die Muffins ca. 20 Minuten backen.

5. Die Muffins rausnehmen und noch 10 Minuten in der Form lassen. Erst dann aus der Form nehmen und auf einem Kuchenrost weiter abkühlen lassen.

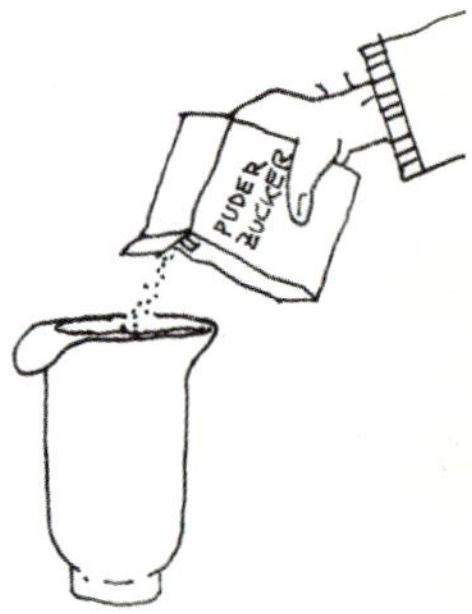

6. Damit du die Muffins in Knallpilze verzaubern kannst, schlägst du Eiweiß in einem Rührbecher steif und gibst Puderzucker und rote Lebensmittelfarbe dazu.

7. Jetzt geht es auf Tauchstation! Tunke die Muffins mit der Oberfläche in den Zuckerguss. Dann legst du die Schokoladenlinsen als Fliegenpilzpunkte auf und lässt deine Knallpilze ca. 2 Stunden trocknen.

Du brauchst für 12 Stück:

100 g weiche Butter
1 Prise Salz
100 g Zucker
2 Eier
100 g Joghurt
125 g Mehl
1 TL Backpulver

60 Min.

Für die Deko:
50 g weiße Schokolade
1 Eiweiß
250 g Puderzucker
Lebensmittelfarbe in Rot

Muffinform
Papierbackförmchen

Du brauchst für 10 Spieße:

25 Min.

10 Heidelbeeren
1 Kiwi
1 Stück Wassermelone
10 Himbeeren
10 Erdbeeren

Für den Dip:
100 g Vollmilchschokolade
100 g Schlagsahne

Ausstecher in Sternform
Schaschlik-Spieße

Zauberhafte Feenstäbe

1. Feenstäbe zubereiten ist echt keine Zauberei. Wasche das Obst und entferne das Grünzeug.

2. Schäle die Kiwi, halbiere sie und schneide sie in Scheiben, sodass Halbkreise entstehen.

3. Für ein bisschen Magie schneidest du die Wassermelone in 1 cm dicke Scheiben und drückst mit dem Ausstecher Sterne heraus. Den Rest kannst du gleich auffuttern.

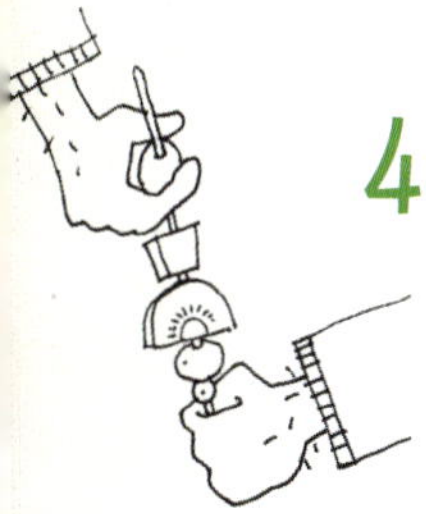

4. Dann kannst du die Obststücke nacheinander auf die Spieße stecken. Wenn du es so machst wie auf dem Foto, entsteht ein feenhaft schöner Farbverlauf.

5. Für den Schokoladen-Dip hackst du erst mal Schokolade in kleine Stücke. Erhitze die Sahne in einem Topf und rühre die Schokolade darunter, bis sie sich aufgelöst hat. Jetzt musst du den Dip nur noch abkühlen lassen und kannst die Feenstäbe hineintauchen. Zaubert garantiert gute Laune. Räuberehrenwort!

Wasti,
das Party-Krokodil

1. Hier kannst du deine Messerfertigkeiten trainieren! Schneide eine der Gurken vorne mit einem Messer quer ein, dann schneidest du zackige Zähne hinein.

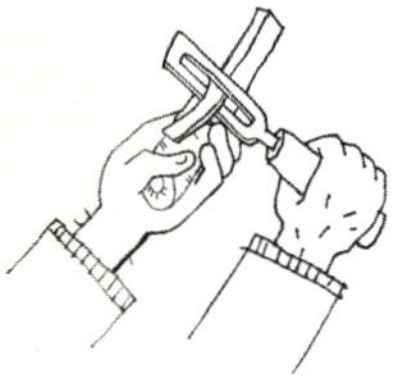

2. Von der Möhre schneidest du einen breiten Streifen mit einem Sparschäler ab und legst ihn als Zunge ins Maul.

3. Steck eine Kirschtomate in Wastis Maul, damit es geöffnet bleibt und befestige sie von unten mit einem Zahnstocher.

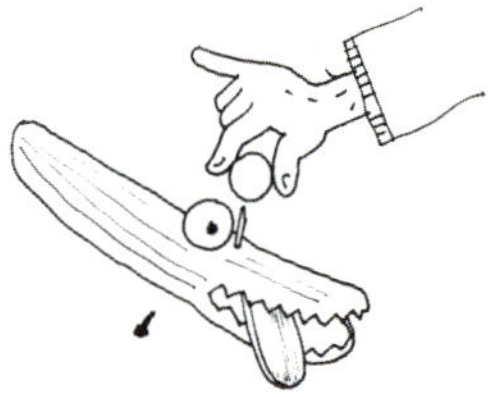

4. Für die Augen steckst du 2 Mini-Mozzarella mit Zahnstochern auf die Oberseite des Krokodils und drückst 2 Nelken als Pupillen in die Mozzarellakugeln.

5. Schon mal Krokodilsfüße ausgeschnitten? Nein? Macht nichts. Ist ganz einfach. Die zweite Gurke der Länge nach halbieren und jeweils die Enden abschneiden (ca. 10 cm lang). Die Gurkenstücke links und rechts als Beine ansetzen.

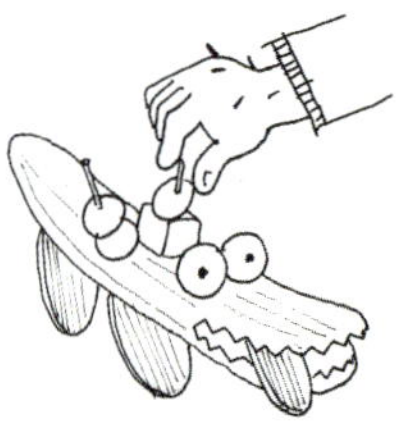

6. Du brauchst insgesamt ungefähr 20 Spieße. Kombiniere die Spieße nach Lust und Laune mit Gouda, Weintrauben und Kirschtomaten und steck sie auf den Rücken des Krokodils.

Du brauchst für 1 Krokodil:

2 Salatgurken
1 Möhre
Kirschtomaten
250 g Mini-Mozzarella
2 Nelken
Gouda gewürfelt
Weintrauben
Zahnstocher

30 Min.

Du brauchst für jeweils 4 Gläser:

Blaubeer-Smoothie

2 Saftorangen
250 g Blaubeeren
250 g griechischer Joghurt (10 % Fett)
500 ml Vollmilch
4–5 EL Ahornsirup

Kräuterlimonade

300 ml Apfelsaft
70 g Zucker
8 Zweige Zitronenthymian
6 Zweige Melisse
6 Zweige Pfefferminze
700 ml eiskaltes Mineralwasser

Himbeer-Minz-Eistee

1 Bund Minze
300 g TK-Himbeeren
125 g frische Himbeeren
2 El Zucker
Eiswürfel

je 10 Min.

Die besten Gauner-Getränke

Blaubeer-Smoothie

1. Für diesen Ruckzuck-fertig-Drink halbierst du die Orangen und presst sie aus. Klar geht das auch mit der Räuberhand, aber wenn du eine Saftpresse benutzt, bekommst du mehr Saft heraus.

2. Jetzt füllst du den Saft, die Beeren, den Joghurt, die Milch und den Ahornsirup in einen hohen Rührbecher, nimmst den Pürierstab und fabrizierst daraus den schnellsten und leckersten Smoothie weit und breit.

Kräuterlimonade

1. Koch zuerst Apfelsaft und Zucker in einem Topf auf.

2. Gib die Kräuter zum kochenden Apfelsaft und nimm den Topf vom Herd.

3. Lass die Kräuter in der Flüssigkeit 20 Minuten ziehen. Dann gießt du den Sud durch ein feines Sieb, lässt ihn abkühlen und stellst ihn in den Kühlschrank. Zum Servieren füllst du den Kräutersud mit eiskaltem Mineralwasser auf.

Himbeer-Minz-Eistee

1. Bring 1 Liter Wasser zum Kochen. Die Minze wäschst du und legst 2 Stiele zum Dekorieren beiseite. Nimm den Topf vom Herd, gib die Minze hinein und lass alles bei geschlossenem Deckel etwa 10 Minuten ziehen. Reinschnuppern ausdrücklich erlaubt!

2. Dann kannst du gefrorene Himbeeren und Zucker dazugeben und den Tee weitere 10 Minuten ziehen lassen. Schütte das Ganze durch ein Sieb, entferne die Minze und streich die Himbeeren mit einem Löffel durch das Sieb.

3. Stell den Tee kalt. Den abgekühlten Tee richtest du mit frischen Himbeeren, einigen Minzeblättchen und Eis in Gläsern an. Erfrischt perfekt nach gelungenen Raubzügen!

Register

Der Zauberer Petrosilius Zwackelmann hätte **Pia Deges** sofort gegen den Kasperl eingetauscht, denn sie hat als Kind einen Kartoffel-Schäl-Wettbewerb gewonnen. (Ehrlich!)

Außerdem hat sie Film- und Fernsehwissenschaften studiert, als TV-Redakteurin gearbeitet und viele Bücher rund um Food-, DIY- und Naturthemen geschrieben.

Sie liebt es, durch die Welt zu reisen und fremde Länder zu entdecken, mag Sommerabende, Flohmärkte und vor allem den Duft von frisch gebackenem Kuchen. Pia Deges hat eigentlich immer gute Laune, aber wehe, man klaut ihr die Kaffeemühle…
www.piadeges.de

Michael Ruder hatte genau wie Kasperl und Seppel das Glück, eine Großmutter zu haben, die den weltbesten Pflaumenkuchen backen konnte. Als Kind wollte er wie Hotzenplotz im Wald leben und Räuber werden, hat dann aber auf Fotograf umgesattelt.

Seit über 20 Jahren fotografiert er erfolgreich für Bücher und Zeitschriften. Vor Michael Ruders Linse landen Stills, Menschen und Architektur, aber am liebsten mag er es, wenn das Fotografierte lecker schmeckt, so wie bei diesem Buch hier. Seine Leibspeise sind Spaghetti all'arrabbiata.
www.lichtpunkt.cc

Thorsten Saleina studierte an der Hochschule für Angewandte Wissenschaft in Hamburg Kommunikationsdesign und Illustration. Nach Beendigung seines Studiums arbeitete er beinahe zehn Jahre als Grafikdesigner in diversen Agenturen, bis er sich dazu entschloss, verstärkt seiner tatsächlichen Leidenschaft, dem Zeichnen, nachzugehen. Heute illustriert er Bücher für Kinder und Erwachsene.

Otfried Preußler, der Erfinder des Räuber Hotzenplotz, wurde 1932 im nordböhmischen Reichenberg geboren und lebte von 1949 bis zu seinem Tod 2013 in Oberbayern. Sein erstes Buch, »Der kleine Wassermann«, schrieb Otfried Preußler 1956. Insgesamt verfasste er über 35 Bücher, die in mehr als 50 Sprachen übersetzt wurden und für die er viele Preise und Auszeichnungen erhielt. Weltweit wurden über 50 Millionen Exemplare seiner Bücher verkauft.

Franz Josef Tripp wurde am 7. Dezember 1915 in Essen geboren. Er arbeitete zunächst als Journalist und Schriftsteller, bis er kurz vor Ende des Zweiten Weltkriegs begann, seine Texte selbst zu illustrieren. Er schuf nicht nur die Bilder zu »Jim Knopf und Lukas der Lokomotivführer« von Michael Ende, sondern illustrierte auch »Das kleine Gespenst« und die drei »Räuber Hotzenplotz«-Bände von Otfried Preußler.
Er starb am 18. Februar 1978.

Noch mehr vom Räuber Hotzenplotz

O. Preußler, F.J. Tripp, M. Weber

Der Räuber Hotzenplotz

120 Seiten · Gebunden
ISBN 978-3-522-18558-5

Kasperl und sein Freund Seppel machen sich auf, den wilden Räuber Hotzenplotz zu fangen, der Großmutters Kaffeemühle gestohlen hat. Unglücklicherweise geraten sie dabei in die Hände des Räubers Hotzenplotz und des bösen Zauberers Petrosilius Zwackelmann.

O. Preußler, F.J. Tripp, M. Weber

Neues vom Räuber Hotzenplotz

128 Seiten · Gebunden
ISBN 978-3-522-18559-2

Kasperl, Seppel und der Oberwachtmeister Dimpfelmoser sind bestürzt: Räuber Hotzenplotz ist es gelungen, aus dem Spritzenhaus zu entfliehen! Zu allem Unglück hat er auch noch die Großmutter entführt und verlangt jetzt Lösegeld.

O. Preußler, F.J. Tripp, M. Weber

Schluss mit der Räuberei

120 Seiten · Gebunden
ISBN 978-3-522-18560-8

Der Räuber Hotzenplotz ist wieder da! Und versetzt Kasperl, Seppel, Großmutter und Wachtmeister Dimpfelmoser in helle Aufregung. Zwar will er seinen Räuberhut an den Nagel hängen, aber auch ein ehemaliger Räuber muss schließlich von etwas leben ...

O. Preußler, F.J. Tripp, T. Saleina

Der Räuber Hotzenplotz und die Mondrakete

64 Seiten · Gebunden
ISBN 978-3-522-18510-3

Der berüchtigte Räuber Hotzenplotz ist mal wieder ausgebrochen. Was für eine Katastrophe! Denn jeder weiß: Der Räuber Hotzenplotz ist der gefährlichste Räuber im ganzen Landkreis. Seppel und Kasperl sind fest entschlossen, ihn einzufangen.

Lieblingsbücher fürs Leben.
www.thienemann-esslinger.de

Pia Deges, Ottfried Preußler, Thorsten Saleina, F. J. Tripp, Michael Ruder:
Das große Räuber Hotzenplotz Koch- und Backbuch
ISBN 978 3 522 18590 5

Rezepte, Texte und Requisiten: Pia Deges
Fotos und Requisiten: Michael Ruder
Illustrationen: Thorsten Saleina, nach Motiven von F. J. Tripp
Gestaltung und Satz: Ortrud Müller, Die Buchmacher, Köln
Umschlagtypografie: Fritzi Müller, Formlabor
Reproduktion: Julia Kienzle, DIGIZWO Kessler + Kienzle GbR
Druck und Bindung: Livonia Print, Riga

Blumenstraße 36, 70182 Stuttgart
Bei Fragen zum Produkt: service@thienemann.de

6. Auflage 2025